先駆者の光と影

人生の転機

変化にどう対処したか

志村 和次郎 著

大学教育出版

まえがき

人生には転機がある。何かのきっかけで成功したり、失敗したりする。自分のやりたいことや能力に気づいた時もそうである。あるいは家庭環境、友人、上司との出会いや一言で、飛躍のための大きなチャンスをつかむこともある。

さまざまなきっかけによって、自分が大きく変わってきたことが認識できる。ちょうど蝶が幼虫からさなぎになり、殻を破って成蝶になるように、古い自己を脱ぎ捨てて新しい自己を作り上げる経験を通して、自己変革を遂げるのである。つまり転機は人間が進化するプロセスであるといえよう。そして人間社会でのさまざまな人生の軌跡をそのままにせず、記録にとどめることに意義があるのである。

本書は転機のプロセスの主要な素材として、自伝や伝記を選択し、人生の達人の生き方に迫り、「変化への対処」を解明してみたいと思う。人生の達人の生き方を知りたい時に、その素材となるのは、歴史における位置づけ、時代の様相、生涯の業績、人格や人柄、交友関係などを描いた主人公の伝記や評伝である。また本人が自伝を残している場合は、すべてに優先してその存在意義は大きい。

人は何のために自伝を書くのだろうか、自伝は貴重な歴史の証言である。自分自身の存在、軌跡を回顧すれば、人生の光と影、つまり行く末の岐路を左右した成功の教訓もあり、失敗の教訓もある。どちらも経験することによって人間を大きくし、人柄、個性、人生を豊かにする。

また、自伝には、他人が入り込めない世界がある。自らが経験した出来事、感慨と反省、失敗と成功、人と人との出会いの中で、共感と確執が交錯した生々しい生きざまを記録する。

しかし、著名な偉人は別として、書かれた自伝が誰にでも読まれるわけでなく、読む人の範囲も親、兄弟や家族に限られることもある。興味のない人の自伝はめったに読まれないからである。一方、本書で取り上げたカーネギー自伝のように、後世に大きな影響力をもち、起業家の多くが経営の教科書とするくらいである。それだけ自伝は事実の実証であり、説得力があるのである。

まず二章の「自伝から観た生き方の達人」で、勝海舟、福澤諭吉、新島襄、徳富蘇峰、松下幸之助の五人の自伝を取り上げた。彼らに共通しているのは、先達にふさわしく、社会に対する使命感、先見性と明確な自己改革意識を持っていた。絶えざる創意工夫をもって自らの信念を貫いた個性ある人物ばかりである。

次に日本の事業家に大きな影響を与えた、アメリカのフランクリンとカーネギーの自伝を三章と四章で取り上げた。フランクリンはアメリカン・ドリームを成就し、現在の販売・サービスのモデルともいえる流通システムのイノベーションに成功し、その結果、巨万の富を得た実業家であるが、外交官、政治家として名を成した。カーネギーはスコットランドからアメリカに移住し、鉄の量産に成功し、鉄鋼王といわれた。そして晩年は慈善事業に巨費を投入した生き方に、多くの起業を志す者には、深い感銘を覚えるのである。立身出世を果たした成功者としてのモデルになった。

五章以降では、わが国で、明治以降それぞれの分野で活躍し、輝かしい実績を残した人物に焦点をあて、個別の自伝・伝記から「何が明暗を分けたか」を解き明かし、解説した。生年順に、新井領一郎、金子直吉、藤井善助、鮎川義介、本田宗一郎、佐治敬三の六人である。いずれも個性的で持味の異なる事業家たちである。彼らは歴史の一ページをつくったが、その人間像を通じて、人生の転機となった核心に触れ、駆り立てた意欲は何であったかを探求する。登場人物は実在の人物であるから、得られる教訓も貴重である。賢人は歴史に学び、愚者は経験に学ぶといわれるが、歴史は確かに一〇〇年の変化を遡って一瞬のうちに甦ってくる。歴史上の人物の行動の記録は、すべての事件の結末を教えてくれるのである。

自分の過去の記憶をたどると、人生の瞬間、瞬間にはこれだけの事件や変化があり、特に事業、仕事の上での出会い、成功した商談、教訓などは忘れ難い。そして、さまざまな喜怒哀楽と転機となった自らの選択と決断が解明され、いわゆる千変万化の記録が生々しく伝わってくる。

自伝、伝記の探求では、人間性や内面的な心の動きが、自らの表現、行動が偽りのない真実として現れるのが醍醐味である。そして彼らが生きた時代に、何をヒントに選択し、決断したか、その実証的な正確な内容が心を揺さぶるのである。

本書は単なる「自伝」の評論ではない。登場した先達のうち、事業家たちが夢を追って駆け抜けた生涯は、残した成果と共に、共感をもって行動を共にした同志たちと価値観を共有した。そしてやがて、企業理念や暗黙知の社風となり、そしてＤＮＡ（遺伝子）となって継承される。そこに生き方の達人の真骨頂があり、後世の人びとには説得力を与え続けているのである。

その意味で、本書は、人生の転機に際し、先達たちがいかに対処したか、そして後世に引き継がれた資産は何であったかを明らかにするものである。事業の成功や社会貢献、奉仕や正義の実現には「歴史に学ぶ」ことが、昔も今も変わらないのである。

平成二六年一〇月

志村　和次郎

先駆者の光と影　人生の転機
―変化にどう対処したか―

目次

一章　自伝から歴史を読む技術

1

自らの欲求は満たされたか

人生は筋書きのないドラマといわれるが、過去の成果やノウハウあるいは挫折などのさまざまな経験、歩んできた道を振り返ると「よくここまでやってこられた」という感慨に耽る。人は歴史を活かし知恵を振り絞り、行く末に思いを馳せるのである。また、誕生以降の長い生活史の中で、自分の欲求は何であったか、何を目的にして生きてきたかを振り返ってみることが必要である。

アブラハム・マズローは、人間の欲求を五段階で説明した。つまり生理的欲求、安全性の欲求、社会的欲求、自我の欲求、自己実現の欲求である。優秀な人ほど、この欲求の段階を駆け上がるのは早いが、自己改革を果たし、自己超越の域に達する人は極めて少ない。

自分が何をどれだけ、いつまでに、欲していたかを確認し、その到達点の満足度をマズローの五段階でチェックしてみることである。

自分の能力を最大限に発揮するために、この五つの欲求を整理し、自己改革に向けて課題を一つずつ解決してきたはずである。社会的欲求、自我の欲求、自己実現の欲求は他人との密接な関わりが特に重要になる。そして病気と健康、勤労と趣味（遊び）、家族と他人の関係などを、どのように調整し、相対する問題を解決したかも注目される。

マズローの欲求段階説を引き合いに出したが、一般的に、人間の行為の動機には三つある。第一に金銭欲に代表される物質的欲求、第二に、名誉欲、権力欲などの心理的欲求そして、第三に、社会的奉仕、正義の実現のための価値実現である。この三つが相互に関連しあって真の生きがいにつながるのである。人生に葛藤が生ずるのはこの三者が必ずしも調和しないからである。この充たされない思い、欲求の挫折で悔いが残る。それがまた、人生の転機となって人を成長させるのである。その歴史の記録が自伝（自分史）の意義でもある。

アブラハム・マズロー（一九〇八～一九七〇）
アメリカ・ニューヨーク市ブルックリン区で、ユダヤ系ロシア人移民の貧困家庭に生まれた。ウィスコンシン大学を卒業。一九三四（昭和九）年に心理学博士。ニューヨーク市立大学、ブランダイス大学教授を歴任。人間性心理学の生みの親とされている。人間の欲求の階層（マズローの欲求のピラミッド）を主張したことで有名。

生涯のロマンとシナリオ

人間誰しもロマンをもって生きている。欲求を持って、理想的に物事をとらえるのである。夢や冒険などへの強いあこがれをもつことは当然である。この目標やロマンの実行の際、満足もあれば反省もある。これらの軌跡を纏めてシナリオにしたのが自伝である。

実在の人物が、自分自身の存在、軌跡を回顧的に書いた物語であり、自分の個人的な生涯、とりわけ自分の歴史に主眼をおいているものである。

したがって、自伝の条件は、主人公は自分自身で、物語になっていることである。一方、伝記、自叙伝、回顧録、自分史と名称や形式も自由である。人生の記録であるから事実に基いた物語でなければならない。つくりごと（フィクション）が入ったら、自伝（自分史）ではなく小説になってしまう。また、筋書きのないドラマのシナリオを書くのはむずかしいが、何が人生の転機であったか、変化への対応を次の七項目を視点にしてみるとポイントが掴める。

① 誇れる成功と体験的な知恵は何であったか。
② 挫折・失敗談とその理由は何か。
③ 過去の喜怒哀楽と残すべきできごとを整理する。
④ 人と人との出会いの中で特に記憶に留めたいこと。
⑤ あいまいであった事実を明確化する。
⑥ 子孫・後輩に継承してもらいたいこと。
⑦ 自分が築き上げた充実感とやり残したこと。

自伝には、二つのタイプがある。第一は庶民の個人史の意味合いが濃い自分史ともいえるもので、第二は社会全般の動向の中で自らの評価を含めて自分の役割、行動を書いたものである。前者の例では勝海舟の父、

勝小吉の『夢酔独言』である。小吉は気性が激しく、奇行に満ちた奇抜な人物だった。天保の改革で、自宅謹慎を命じられてから、知識吸収に意欲を示し、夢酔道人と号し、四二歳で『夢酔独言』を著した。「こうなってはいけないよ」という自分の生涯を訓戒にして書いている。また、長男の麟太郎が犬に噛まれ、重傷を負った時、懸命に看病する父親の情愛を示している。自分の生きざまをさらけ出し、その文章はざっくばらんで率直な表現が多く、小吉の人柄を示している。

後者の例には福澤諭吉の自伝である『**福翁自伝**』がある。日本人の自伝のなかの傑作の一つといわれている。少年時代、長崎修業時代、緒方洪庵塾時代、三度の洋行、維新時代と前半生が叙述の中心である。自分の人生の栄光をその前半生にあったと自己評価している。後半生は「老余の半生」の一節だけである。全体にわかりやすく、直観的で、明治三二（一八九九）年当時の自伝のモデルともいえるもので、時系列で公私にわたり、歴史的な価値も高い。

勝小吉（一八〇二～一八五〇）
日本の江戸時代の武士・旗本。左衛門太郎惟寅と称し、幼名はもと亀松、勝家に養子に入ったのちは小吉。隠居後は夢酔。長男は勝海舟。酒はあまり好まず、博打もやらなかったという。その代わり吉原遊びと、着道楽で、喧嘩を好んだ。剣の腕も優れ、道場破りをして回り、不良旗本として恐れられた。『夢酔独言』を著す。

『**福翁自伝**』
福澤諭吉の口語文体の自叙伝で、自伝文学の最高傑作である。正しい名は福翁自傳。一八九八（明治三一）年七月一日から一八九九（明治三二）年二月一六日まで計六七回にわたって「時事新報」に掲載された。単行本は一八九九（明治三二）年に初版刊行される。慶應義塾大学では、毎年新入生に配布される。

歴史上の人物から得られるもの

生き方の参考になるのが、歴史上の人物から学ぶことである。歴史は人物の積み重ねであり、歴史を創った人物はその証人である。自伝や伝記を読むことにより、経験、知識を補うことができるし、自分の間違いや短所を発見し、長所を引き出すことが可能になる。成功者の良い話ばかりでなく、失敗談、挫折した話にも反面教師としての価値がある。

ではどういう方法で、「歴史上の人物を」知るかであるが、まず本人の書いた自伝、自叙伝、回想録、日記、書簡、著作物などである。他人の書いたものでは、伝記、評伝、家族、友人が書いた本などである。歴史上の人物の伝記、書籍から心に残る感銘を受け、教訓となった言葉は忘れられないものである。

偉人伝を読んだ人は多いと思うが、その中には日本人ばかりでなく、外国人もいる。古今東西、偉人から学ぶべきことは多い。共通点も少なくない。例えば、よく考え、継続すること、思いつきと発見、理論の継続、根気良さ、柔軟な発想、人真似のうまさなどである。

成功者として、第一に大金持ちになることをあげる人が多いが、果たしてそうだろうか、成金者が必ずしも一〇〇％成功者であったわけではない。成功によって失われたものもあるし、犠牲もともなう。

アメリカのジョン・D・ロックフェラー（一八三九～一九三七）は小学校を出てすぐ石油工場に勤め、記帳係として働き始めた。やがてスタンダード・オイルを自ら興し、次第に合併吸収を繰り返し、アメリカ国内で石油生産の支配権を獲得した。巨大な利益を消費者に還元せず高価格で販売し続けた。そのビジネス手法は、広く厳しく批評された。やがてアメリカ屈指の大金持ちになった立志伝中の人物も、決して精神的には安泰ではなかったのである。そうした前歴もあって、ロックフェラーは、後にその巨額の資産を慈善事業に寄付した。

さて、日本経済新聞では、内外で活躍した人物を対象に毎日、「私の履歴書」を連載している。各界の名士が、一カ月一人で自伝を書くのである。もう何十年も続いている。スタイルはまちまちだが、人物中心か、出来事中心かで見方も変わってくる。三頁の七項目をチェックしながら読んでみると、変化に対する対処、人生の転機となった事柄がよくわかるし、偶然なのか、運をつかんで努力した結果なのか、関心も高まる。また人生の転機のプロセスが観察できる。

自分の再発見・転機につながる

自分の人生においては、あくまでも自分が主人公である。生きがいや働きがいは行動によってもたらされる。過去の人生を振り返って、何が転機になったか、ピンチに陥ったこともあれば、思いのほか旨くいったこともある。自伝は創作が中心の小説とは異なり、リアルな体験に基づいて書くものであるから、反省ばかりでなく、出会いのあった人物との交際など、新しい出来事、発見もある。

そして半生記で、自分にしかわからない過去の歴史であるから、後半生の人生観が変わるかも知れない。

さらに、読んだ人、出会いのあった人に新たな影響を与え、役立つこともあるだろう。**松下幸之助**は相談役になってからも後のことを懸念して次のように言っている。

「私は明治生まれであるが、明治生まれの人間は、明治、大正、昭和と生き抜いて、つねに社会の指導者層を形づくっていたように思う。（略）しかし後の三十有余年の復興というものが理想的に出来ていないのである。高度成長そのものはよかったけれど、それに関連するいろいろな問題が起こってきているのである。どちらかというと今までの復興は、一方的復興、物質的な復興だけで、物心両面の復興になっていない。それなのに、我々が功なり名遂げた形で下がっていってよいのだろうか。言うなれば片一方の輪が不完全な車をつくっておいて、大正や昭和生まれの人に、あとはうまくやってくれと言っているようなものである。これは卑怯だし、無責任だと思う。だから、私は私なりの責任を果たさねばならない」。

と明治人の気骨を示している。

自伝は書き進んでいくうちに、これで良かったかという反省と、まだやることが残っている気概につながってくる。これが自伝の醍醐味である。予期しないことが、呼びさまされたり、自分の再発見につながるからである。

松下幸之助（一八九四〜一九八九）
和歌山県海草郡和佐村（現・和歌山市）に生まれる。関西商工学校（現・関西大倉高等学校）電気科中退。火鉢店、自転車店などに奉公した後、大阪電灯の工事担当者となる。二二歳で独立し、大正七（一九一八）年、松下電気器具製作所を創設。アタッチメントプラグ、自動車ランプなどの製造で成功し、アイロン、ラジオなど次々に業務を拡大する。昭和八（一九三三）年には事業部制を実施し、昭和一〇（一九三五）年に松下電器産業株式会社に改組、初代社長となる。昭和二一（一九四六）年ＰＨＰ研究所を設立する。昭和三六（一九六一）年松下電器会長に、昭和四八年相談役になる。政治家の育成のため、昭和五五（一九八〇）年松下政経塾を創設した。

歴史の証言者と過去との対話

自分の人生は、自分だけのもので、他人が真似ることはできない。主役はあくまで自分自身であるから、自らの人格を明らかにしなければならない。「過去が分かれば、未来がわかる」と、いったのは、フランスの小説家であり詩人、批評家でもあったアナトール・フランス（一九二一年、ノーベル文学賞）である。

自分の過去を知るために、今まで生きてきた足跡をたどることから始めることになる。たどる順序は関係なく、どのような時代に、どのような生活をしてきたか、どのような考え方で、どのように生きてきたか、またどのような人と出会い、そして影響を受けたか、これまでの歩いてきた人生を再確認する。自らの生き方から事実関係を当たり、今までの認識の正確さや逆に誤解、自らの信念、行動に影響を与えた事実などから自分が再発見につなげるのである。

徳富蘇峰は「ジャーナリストは時代を正確に伝える仕事である。それは事実をそのままに残すというだけではない。その事実を自分のものとし、時代の中でどういう意味を持ったのか、それによって時代がどう変わったか、過去と対話しながら、歴史に残したものを明確にするのが仕事である」と述べている。ジャーナリストの使命ともいうべきものであるが、歴史から学ぶことは多い。

先達の自伝が貴重な歴史史料になっていることからも、事実を伝えることの重要性が理解できる。ここで『近世日本国民史』全一〇〇巻を著した歴史家であり、畢生のジャーナリストである**徳富蘇峰**の自伝をみてみよう。

蘇峰は『近世日本国民史』を「日本国民の伝記」という位置づけをしている。その最終巻で、蘇峰は西郷・木戸・大久保の三人をとりあげ、明治国家の対外問題、リベラリズム、富国強兵の課題をこの三人がそれぞれ体現しており、かれらが抱えた課題が日露戦争の勝利によってほぼ実現したと考えたのである。「彼を知り我を知り、勝利を勝利として、むしろその勝利の効果の大部分を犠牲としても、戦を止むるの有利なるを看取し、一切の毀誉褒貶《きよほうへん》（ほめることと、けなすこと）を犠牲として、ポーツマス条約を締結するに至った」。これは「いわゆる大東亜戦争」と大きな違いであり、日露戦争を近代日本のもっとも輝かしい頂点と捉え、その後の歴史はその遺産を食いつぶしてしまったという歴史観である。

『蘇峰自伝』については二章で解説するが、明治・大正・昭和にわたる各時代に順応して、それぞれの時代をジャーナリストとして精力的に生き抜いた。蘇峰は同志社在学中のまだ一七歳の時から、将来は新聞記者になる願望をもち、そのための勉学と読書に励む非凡な青年であった。そして、故郷熊本で大江義塾を開設し、四年半の修練を経て、明治二〇年代初頭、華々しく言論界にデビューした。

蘇峰は、それ以降、政治、経済、社会、歴史文学など広範な執筆活動を行う一方、出版社、新聞社を経営し、草創期の言論界を担う役割を演じた。自らも新聞記者として、幾多の屈折を経験した蘇峰の言論の軌跡は、単なる「転変」の歴史ではない。日本国家の自立・進化・挫折・再生を表現しているからである。時に権力者と距離を置き、時に権力者に近い存在になり、直接政治に関わって変節漢といわれたこともあったが、生涯を通じて愛国心を支柱にナショナリストを貫いた。

歴史的史料として価値の高いものとして、戦後になって発表された『徳富蘇峰終戦後日記』がある。敗戦の三日後から始まるこの日記は、蘇峰自身の言によれば、「ただ予が現在の心境に徂徠来する事を、そのまま書き綴ったもので」（一九四五（昭和二〇）年八月一八日）、日本の敗戦の原因究明、占領下の日本社会の現況への批評、急変する戦後の国際情勢に対する評論、さらには自らの生涯の回想などを含んでいる。この後、戦後の名著といわれる『勝利者の悲哀』が刊行されたので、その序論の役割をしている。

蘇峰は、『徳富蘇峰終戦後日記』を、秘書の中島司に口述筆記させ、和書に墨書清書させて、一〇〇年以上の保存に堪えうるよう配慮を行ったという。

徳富蘇峰（一八六三〜一九五七）
　熊本県水俣に生まれた。本名は猪一郎。同志社に学び、新島襄から受洗するも後に棄教。熊本に帰り、大江義塾を開設。明治一九（一八八六）年上京し、義兄の湯浅治郎の支援を受け、民友社を設立。『国民の友』『国民新聞』を発刊し、社長兼主筆として健筆を振るう。新島襄を生涯の師と慕い、同志社大学設立運動には献身的に協力した。『近世日本国民史』の他多数の著書がある。

自伝の素材としての日記の魅力

日記とは、日々の出来事を、ある程度連続的に紙やノートに記録したものである。今日一日の反省や感想をその日のうちにまとめておく、つまり形のあるものにして記録するわけである。過去の歴史に遡り、「失われた時」を再び見いだしたい時、時間の流れにそった自伝を書きはじめようとする時、この日記が活きてくる。

変化のあまりない一日のひとこまをどう書いたらよいか、最初から無意味として否定しがちであるが、出来事には単調に見えても微妙な動きがある。初めて会った人の印象など人間社会の中での心の動きは千変万化である。すべてを書く必要はないから記録にとどめるものの焦点を絞る必要はあるだろう。

そこで思い出すのが過去の自分の日記である。日記は、時間の流れにそって書かれるという物語性をもっている。したがって日記は十分、自伝の素材になるし、その一部にもなる。だが同時に、日ごとに新しいテーマで書き始まるので、物語の連続性には欠ける。しかしいつでも書き始めることができる気軽さをもっている。したがって、物語である自伝と、日記での自己描写には物語の連続はないが、自伝物語のように時間の流れをもちながら、しかも自己描写のように自由に主題を展開することができるという、自伝と自己描写との両方の魅力を持っているのである。

蘇峰の弟で、文豪の**徳冨蘆花**は日記を同時に二、三種類につけていた時期があった。一つは「当用日記」に金銭出納、来客記録、手紙の受発信の記録などの記録、二つ目が大学ノートに日記らしいやや長文の日記で、さらにもう一つが「農業日記」である。

ロシアにトルストイを訪問し、その百姓生活をつぶさに観察し、帰国後は千歳村・粕谷に居を構え、小規模ながら原野を開墾し、同じ百姓生活を始めた。この半農半文筆的生活の記録が「農業日記」である。この農業日記が素材になって、大正（一九一三）年三月、田園の中での晴耕雨読の所産である『みみずのたはこと』を発表するが、それは自然と人間の交流についての簡明、かつ清新な随想録で、おそらく蘆花文学の最高峰の傑作作品といってよいだろう。

徳冨蘆花（一八六八〜一九二七）

横井小楠門下の俊英であった父・徳富一敬の次男として熊本県水俣に生まれる。熊本バンドの一人として同志社英学校に学びキリスト教の影響を受け、トルストイに傾倒する。民友社に入社したが、自然詩人として出発し、小説『不如帰』はベストセラーになった。また、エッセイ『自然と人生』『みみずのたはこと』はその文章が賞賛され、一気に人気作家となった。

コラム①　小林一三の日記と自伝

阪急グループの創設者・小林一三（一八七三～一九五七）はユニークな事業家であり、文化人である。慶應義塾を出て、三井銀行に入行するも満足せず、阪急電鉄の経営者に転じて成功したが、一方、宝塚少女歌劇、東宝映画の生みの親となり、自ら脚本も書いている。さらに東京電灯の社長、近衛内閣の商工大臣も務め、まさにマルチ人間であった。

こうした八面六臂の活躍をした小林には日記と自伝の両方がある。日記は三つに分けられる。まず明治三〇年代で、二五歳から三三歳の頃。銀行での仕事ぶり、交友関係、新婚家庭での出来事が記されている。次は昭和一〇年代で、実業家としての活動が軌道に乗り始めた時期にあたる。

欧米視察旅行、朝鮮・中国北部視察、訪伊使節日記、日蘭会商の顛末を語った「蘭印使節日記」が収録されている。最後は昭和二〇年から逝去の六日前まで綴られた「我国の運命」である。日記は内外の政治経済の動向から宝塚歌劇、映画、茶の湯の趣味に至るまで話題豊富であり、日記とは思えないほど几帳面に書かれている。

自伝の『逸翁自叙伝』は一九五三（昭和二八）年に書かれた。前半部分は三井銀行時代が中心で、日清戦争とともに発展した大阪経済界の動向とエピソードが面白い。後半の鉄道事業ではアイデアに満ちた事業戦略、破天荒な性格とは違う一味異なる小林の持ち味が十分出ている。兼職も多く多忙を極めた人物が、時間を見つけて、よくここまで几帳面に書けたと感嘆する。日記を素材に自伝が書かれたのは明らかであり、日々の反省がアイデアの源泉であり、小林のユニークな生き方を支えていたのかもしれない。

二章　自伝から観た生き方の達人

先達の生きざまと処世訓

先達の自伝や伝記を読むことの目的は、彼らの生き方、事業の秘訣だけでなく、個人の生き方・事業理念、特に転機となった変化への対処の仕方を知ることにある。

人の生き方にも「手本」や「動機づけ」がある。歴史を「鑑」というくらいで、生きたあかしを学ぶのが近道である。そしてそのことが、「人生の転機」になることも少なくない。もちろん、歴史上の人物からわざわざ学ばなくても、自分の実力を高めることはできるが、自伝や評伝が、自己改革のヒントを与えてくれる。つまり行動を起こす、動機づけになる。その行動によって成果が生まれる。ところが一般に、人はとかく言い訳をいいたがり、自分にはできない理由をさがし、行動をためらいがちである。結果を恐れて行動を躊躇するわけである。

偉人といわれ、功なり名を残した人達の共通点はすべて失敗を恐れず挑戦したことである。

また、偉人や歴史上の人物からの成功した、良い話ばかりからの教訓だけではなく、失敗した、悪い話に

「反面教師」としての値打ちがつまっている。

この失敗の研究により、次に生きる人への「鑑」を示し、お手本にすることが必要なのである。戦争を例にとれば、大東亜戦争で戦犯になった人達を悪者呼ばわりするのではなく、その背景になった歴史的事実を無視することはできない。いわば武力で事を決しようとする戦争そのものを否定する規範ともいうべき「鑑」が大切である。

賢人は歴史に学び、愚者は経験に学ぶといわれるが、歴史は確かに一〇〇年の変化を遡って一瞬のうちに教えてくれる。歴史上の人物の行動の記録とすべての事件の結末を教えてくれる。「歴史は繰り返す」というが、人間社会の営みは変化し、情報量、技術、知識の集約度も変わっているので再び同じ環境条件にはならない。しかし変わるものと変わらないものを見極める必要がある。宗教的な善悪などの倫理観などは変わらない。クリスチャンにとって聖書は不変であり、永久の規範である。こうした不変な人間性がある限り、歴史から学び取り、相似た事件に対して、相似た対応、行動をとるのも自然といえる。

事業家の自伝を読んで感じるのは、人生がすべて順調であったのは皆無で、家庭環境に恵まれなかったり、生命の危険にさらされたり、事業の失敗と辛苦、そして血の出るような再起の努力など、運を味方にして生き長らえた前半生であり、それを呼び込む状況づくりに全知全能を傾け、努力したことを証明している。人間は無限に、秘めたる能力を持っているが、十分実力を発揮できない場合も多い。窮して意気に感ずると、意外に力を発揮する。難局に挑む男の姿、一生懸命働くことがどんなに人間の心に、充実感や満足感を与えるか、成功者は語っている。そこをいかに読みとるかがポイントである。

『氷川清話』の勝海舟

近代日本を代表する人物の自伝として、福澤諭吉の『福翁自伝』と勝海舟（一八二三～一八九九）の自伝である『氷川清話』が著名である。ここでは勝海舟とはいかなる人物であったか『氷川清話』で見てみよう。第一章、履歴と体験で海舟の生涯全般に触れた後、第二章人物評価で「恐ろしい人物二人」という項目で横井小楠と西郷南州（隆盛）を挙げている。

西郷と最初に大阪で会った時、西郷の至誠に感じ入った印象を述べ、後の江戸城受け渡しの話し合いの前触れだったと述べている。坂本龍馬を西郷に紹介した時の話など、興味深い話が載っている。

さて、勝海舟は成功と失敗が紙一重であり、明と暗、表と裏の両面を知ることが重要であることを知っている数少ない一人である。勝海舟ほど二面性をもった興味のある人物は他にいないと言われている。西郷隆盛との会談で江戸の無血開城をして、江戸が戦火にまみれるのを救った主役として有名である。

その勝海舟は、西郷隆盛との談判にのぞむ前に、江戸決戦の準備を徹底的にやっていた。話が不調に終わった場合は武士だけでなく江戸の侠客まで動員して徹底的に戦う手はずを決めていたという。

西郷としても、無益な戦は避けたいという考えは同じであったが、官軍の主流派の士気は高く、何としても江戸を総攻撃して革命のノロシを上げたいと望んでいた。したがって、西郷も勝と同様に、非常に緊迫した状況下での会談だったのである。しかし、西郷は偉大であった。このときの様子が、勝海舟の『氷川清話』には次のように書かれている。

「当日のおれは、羽織袴で馬に乗り、従者一人をつれて、薩摩屋敷に出かけた。（中略）いよいよ談判になると、西郷は、俺の言うことをいちいち信用してくれ、その間一点の疑念もはさまなかった。『いろいろ難しい議論もありましょうが、私が一身にかけてお引き受けします』。西郷のこの一言で、江戸百万の生霊も、その生命と財産を保つことができ、また徳川氏もその滅亡を免れたのだ。もしこれが（西郷でなく）他人であったら、（中略）いろいろうるさく責め立てたに違いない。しかし西郷はそんな野暮なことは言わない。大局観を達観し、しかも果断に富んでいたのには、おれも感心したよ」。

西郷は勝の視野の広さと誠心誠意の人柄に感服したのである。その結果、血を流さず江戸城は官軍に明け渡された。勝と西郷という偉大な政治家が日本にいたからこそ、日本が分裂する事態を避けられたのである。

勝海舟は文政六（一八二三）年に江戸で生まれた。勝家は、もともと三代前の祖父が江戸に出てきて高利貸しなどで儲けた金で、「男谷家」「勝家」という旗本・御家人の株を買って幕臣になった家柄である。海舟というのは号であり、幼名は麟太郎、のち義邦、そして安芳と名を変えている。海舟の父、小吉も四二歳で異例の自伝『夢酔独言』を著した。

御家人という身分だからこそ送れた人生であり、勝小吉の生き方は本人が言うように「おれが真似をばしないがいい」とあるが、幕末の自伝としては率直で、清涼感のある大いに参考になる自伝である。

少年のころの勝は、父・小吉の血を受け継ぎ、剣術が得意だったようである。直心影流の名手だった叔父・男谷清一郎の門弟に島田虎之助という天才剣士がいて、勝はこの島田の内弟子となって免許皆伝の腕前となっている。

勝が剣豪だったというイメージはあまりないが、後に攘夷派から命を狙われ、北辰一刀流の使い手の坂本龍馬が、勝を暗殺しにきたものの刀を抜けなかったというエピソードがある。逆に龍馬は勝に心服し弟子になる。明治になってからも、江戸幕府の重臣から、明治政府のためにも力をつくし、枢密顧問官などの要職についている。

当時としては、幕府と天皇の両方に力をつくした勝海舟のことを二重人格といって非難する人もいた。よくいえば「機を見るのに敏」ということであろう。

さて、海舟が残した言葉に「六然居士」というのがある。六然というのは「自ら処する毅然、人に処する靄然、無事澄然、有事嶄然、得意冷然、失意泰然」。これは中国の古書にある有名な言葉であるが、勝海舟が書いたこの六然の言葉が額となって新島襄の書斎に掲げてある。新島と海舟とは一脈通ずるものがあったのであろう。

この点においては新島襄と同様に勝海舟を師と仰ぐ徳富蘇峰にも共通点がある。勝海舟から蘇峰宛の書簡も多く、現在神奈川県二ノ宮町の蘇峰記念館に保存されているが、これを見るとその影響の大きさがわかる。

『福翁自伝』の福澤諭吉

『福翁自伝』は自伝の最高傑作として、門下の慶應義塾出身者だけでなく、多くの人に現在でも読まれている。歴史上まれにみる変動の時期に際して、啓蒙家・教育家としていかに生きたか、そして影響を受けた人びとは、この自伝によって転機をつかんで成功した者も数多い。

『福翁自伝』は福澤諭吉（一八三五～一九〇一）が六四歳の時、明治三〇（一八九七）年の著作で、口述筆記で矢野由次郎が速記者となり、福澤が訂正加筆して仕上げたものである。この書が古今東西の自伝文学のうち最高の傑作の一つとして数えられている。何しろ読んでみて面白いのである。福澤自身がまれに見るゆとりのあるアウトサイダーだったからである。

自伝には興味のつきないエピソードが満載されていて、読書の喜びも感ずる傑作である。それだけでなく、わが国近世、近代の歴史的文献として重要な価値を持つといえよう。

その内容を項目だけあげると、

「幼少の時、長崎遊学、大阪修業、緒方の塾風、大阪を去って江戸へ行く、はじめてアメリカへ渡る、ヨーロッパ各国に行く、攘夷論、再度米国行、王政維新、暗殺の心配、雑記、一身一家経済の由来、品行家風、老余の半生」となっている。

福澤諭吉は、天保五（一八三五）年、まだ開国前の大阪の中津藩蔵屋敷（現在の福島区福島一丁目）に生まれた。当時、豊前中津藩大坂蔵屋敷の長屋があり、父・百助はこの蔵屋敷に勤める一三石二人扶持の中津藩士であった。武士とはいえ家格が低かったため、幼少時から周囲の無意味な身分差別にさらされた。一歳六カ月のとき父と死別し、母子六人で中津に帰郷した。

「幼少の時」の一章で、両親と家の身分と兄姉のことをしるして自分の誕生のことに及び、数え年三歳から二一歳まで成長した郷里中津における下級士族としての生活環境や幼時の教育、自己の天性などを述べ、封建門閥の世界における自由な魂の成長とその環境との戦いとをあざやかに描き出している。当時は、世襲による門閥制度が依然強く、成績が優秀で豊かな才能をもってしても、身分が低い者は家格の高い者を超えることはできないという不平等に、福澤は激しい憤りを感じていた。もとより独立心旺盛な気性の福澤にとって、こうした背景は門閥制度に対する強い反発心を持たせる要因となった。またそれが既成の慣習や虚礼にとらわれることのない先進の気風を育む土壌となったともいえる。

一四歳になって儒学者・白石照山の私塾に入門し、福澤はその頭角を現した。「長崎遊学」では蘭学を修め、当時の洋学修業の順序と、青年福澤の人物器量と、門閥による不当な圧迫に対する福澤の抵抗意識が滲み出ている。「大阪修業」と「緒方の塾風」では逆に、全巻中もっとも精彩ある部分で、福澤の回想の筆も滑らかで、希望にあふれた青春の気風が生き生きと出ている。福澤は一八五四（安政元）年、帰阪して**緒方洪庵**の適塾で学ぶ。適塾では猛勉強に励み、翌年には塾頭になるほどであった。福澤はここで生涯かけがえのない豊かな青春を楽しんだ。良き師と良き友とに恵まれた福澤は、次第にリーダーの素養を発揮するようになる。

その後、江戸へのぼって築地鉄砲州に蘭学塾を開くが、これが後の慶應義塾大学の始まりである。また同時に英学の研究を独学で開始する。一八六〇（万延元）年、福澤は幕府の遣米使節に軍艦奉行・木村摂津守の下僕として「咸臨丸」に乗り込んでアメリカに渡り、見聞を広める。そして西洋文化、知識と語学力を蓄えた福澤は、翌年、遣欧使節の派遣の際には翻訳方として随行する。ヨーロッパ諸国も歴訪し、議会や郵便制度、銀行、病院、学校など旺盛な好奇心で視察した。帰国後の一八六八（慶應四）年、塾を鉄砲州から新銭座に移し、慶應義塾を名づけ、洋学に徹した子弟の教育にあたった。

明治維新後は、新政府からの数多くの招きを断り、専ら慶應義塾による洋学教育と西洋事情の紹介に努めた。『文明論之概略』『西洋事情』『学問のすゝめ』などを次々と著し、世界と隔絶されていた当時の日本人を啓蒙し、人間の自由・平等・権利の尊さを説き、前述のように、新しい時代である明治の先導者、維新設計の助言者としての役割を果たす。

『福翁自伝』の構成をみてみると、全編を通読すれば気がつくが、この書は福澤諭吉六八年の生涯のうち前半生ともいうべきものである。明治維新ごろまでのことが、全体の約三分の二を占め、維新以後の部分は割合に簡略にしるされている。大体多くの自伝は歳月の隔たりにより記憶のあざやかに残っている部分は精細な叙述となり、最近のこととなると、直接自分が関係していたり、関係人物が現存しているので差しさわりがあったりして、書きたいことも書かずに済ましている部分もある。

しかし教育関係の記述で目につくのは「東洋の儒教主義と西洋の文明主義を比較してみるに、東洋になきものは、有形において数理学と、無形において独立心と、この二点である」という論は『学問のすゝめ』以降一貫している。

福澤の自伝執筆に当たって、そういう顧慮があったかどうかは明らかでないが、その名著『文明論之概略』の緒言にいうように、維新を境界として「恰も一身にして二生を経るが如く一人にして両身あるが如き」経験を経た著者としては、「今生から前生を顧み、現身にして前身を思う」という考えが、特に強かったと見なければならない。おのずから前生前身に関する記述が大部分を占めるのも、当然のことと思われるのである。

「王政維新」は、維新当時の政治および政治家に対する福澤の考えを述べ、民間に独立していわゆる「読書渡世の一平民」たる地位に安んじようとする自由人・福澤の覚悟のほどが語られている。

「老余の半生」においては、維新以後どうして政治の実際にたずさわらなかったかの理由をはじめとして、明治一四（一八八一）年の政変に関する経緯、国会開設に関する首唱、時事新報のこと、慶應義塾のこと、節酒のこと、運動健康のことなどをしるし、六十余年の生涯を顧みて、一身のなりゆきについても、日本の国情についても「遺憾なきのみか愉快なことばかりである」と満足の意を表明し、過去に対する未練も反省もなく、すべてに肯定的で余裕に満ちている。

緒方洪庵（一八一〇〜一八六三）
岡山県出身。蘭方医で天然痘予防に、日本で初めて種痘を行った蘭方医。名は章、号して洪庵、適々斎など。大坂・江戸・長崎と各地を遊学し、天保九（一八三八）年、大坂に適塾を開く。福澤諭吉・大村益次郎などの人材を育成し、当時偏見が大きかった種痘普及やコレラの治療など、教育・医業に果たした功績は大きい。一八六二（文久二）年、幕府奥医師・西洋医学所頭取となる。

『私の若き日々』の新島襄

「自伝」がすべて公開されることはないが、特定の人物のために書かれることもある。新島襄（一八四三〜一八九〇）の『私の若き日々』がそうである。後世になって多くの人に読まれ、感激したのは筆者だけではないだろう。書物になったのは、一九八一（昭和五六）年である。この自伝は一八八五（明治一八）年八月二九日、新島襄が二度目の渡米のおり、メイン州ウェスト・ゴールズバラにあるA・ハーディーの別荘で書き上げた英文の半生記である。その冒頭には「アルファース・ハーディー夫妻に捧ぐ」とあり、続いて次のように書かれている。

「その限りない愛と、物心両面にわたって私をささえて下さった尽きることのないお心づかいの故に、私の両親以上に恩恵を受けたご夫妻に、私の若き日々についてのこの短い物語を、深甚なる感謝と愛情をもって捧ぐ」。

全部で、二万六〇〇〇文字で決して長文ではないが、誕生と命名、幼少のころ、祖母の死、家庭教育、たこ上げの傷痕、作法の訓練、家老のお気に入り、ペリー提督の訪日、板倉候のこと、蘭学の学修、藩主に侍して、恐るべきオランダの軍艦、蒸気船での初航海、天の父の発見、思想の変化・決意、函館への計画、別れの晩餐、ニコライ神父、日本脱出の計画、生命を賭してベルリン号に乗船、上海に向けて、激怒した経験、ワイルド・ローヴァー号でボストンへ向かう、と二三項目に及び、生誕からA・ハーディー夫妻に会うまでの歴史が半生記として書かれている。

そして「思想の変化・決意」の項目の中で、アメリカへの関心について「ある日、友人が合衆国のブリッジマンが書いた歴史地理（『連邦志略』）を貸してくれた。それを読んで、脳みそが頭からとろけ出るほど驚いた。その時以来私はアメリカのことを学びたいと思うようになった」と書き、日本の幕藩封建制度を批判しながら、選挙で選ぶ合衆国の大統領制、無月謝学校、貧民救護などに感嘆する。『連邦志略』が密航計画の具体的動機となったことは間違いない。

また、筆者が最も感銘を受けたのは函館から脱国し、ベルリン号で「上海に向けて」の中で、「もし私が故国を脱出して、この企てに全く失敗したなら、それは私の国にとって少なからず損失になろう。しかし、もし私が故国を脱出して、未知の国での長い生活から帰国を許されたあかつきには、愛する祖国のために一生懸命尽くそう」という箇所である。

この自信に満ちた心境の吐露は、同志社大学設立に邁進した自らの運命と信念を自覚していた。そしてキリスト教による日本人の精神的改革をめざした新島の使命感と情熱がほとばしっているが、宗教家にありがちな感傷的な文面ではなかった。

もともと新島には常人と異なるいくつかの特徴がある。それを年代別にまとめてみると、①幼少時より研究心が旺盛で異常に好奇心が強かったこと、②死を覚悟した冒険心（国禁を犯しての脱国）、③名利栄達を断ったこと（政府の留学生になることを断る）、④キリスト教主義大学設立の執念（ラットランド演説）、⑤自由・自治・自立にこだわったこと（文部大臣の勧誘を断る）の五つである。

自伝の探求では、人間性や内面的な心の動きが、自らの表現、行動が偽りのない真実として現れるのが醍醐味である。『私の若き日々』の後半がないため、多くの人たちが自伝を完結しようと努力している。しかし日米関係では戦争がなかった時代で、日本人で最もアメリカを愛し、アメリカ文化に溶け込んだ新島襄を書くことは至難である。

しかし、時代や人間の価値観が変わっても、新島が持ち込んだ精神文化のみが唯一継承できるものかもしれない。そして自由・自治・自立の精神がＤＮＡ（遺伝子）となって同志社において継承されている。

A・ハーディー（一八一五〜一八八七）

ボストンのクリスチャン実業家で新島襄の養父。銀行頭取やハーディー商会などの経営者として巨額の利益をあげた。それを海外伝道や教会、キリスト教教育などに惜し気もなく献金した。アメリカン・ボードの役員を長年務め、新島から「日本ミッションの父」と評価された。

『蘇峰自伝』の徳富蘇峰

徳富蘇峰（一八六三〜一九五七）は昭和一〇（一九三五）年七月、七三歳の時に口述筆記で『蘇峰自伝』を著した。五十年余にわたるジャーナリストとして、最初の緒言に次のように書いている。

「予は手の届く限り、あらゆる新聞記者の伝記、自伝、懐旧録など集めて読んで見たが、別段感心すべきものは、絶無ではないが、まず少なかった。それもその筈だ。新聞記者は面白き事を観察するが役目で、自ら面白き役目を働く芸当もなければ、その役割にも与っていない」

とジャーナリストの自伝が面白くないのは、「面白き事を観察するが役目」だと言い訳している。

そういうこととは反対に、内容は明治から昭和にかけての歴史の証言であり、貴重な歴史資料も豊富である。特に感銘を受けるのは時代を観る全方向的な感受性、一歩先を読む先見性の探求にある。何といっても蘇峰は明治のトップリーダーとの交遊と人脈ネットワーク、新聞記者、新聞事業を通じた世論との接点、そして歴史家としての飽くなき研究は、他の類例をみないのである。

歴史家である蘇峰の自伝は、きちんと時間を追って書かれているので、資料的な価値は高い。その構成を見てみよう。

全体は十八章に分かれ、一章は「生い立ちと幼年時代」。この章は緒言からはじまって、予の家の歴史／予の故郷と徳富家の格式／世の父徳富一敬／予の出生とその幼時／幼時における予の性格など、そして水俣における一、二の記憶まで十項目から成っている。

各章の項目数は定まっていないが、二章「村塾勉学時代と洋学校時代」、三章「上京及び同志社遊学時代」までが世に出る前の青少年期。このあといったん帰郷した蘇峰は、四章「帰郷と大江義塾の創立」、五章「上京と板垣伯及び各方面の交遊」、六章「『将来之日本』出版と『国民之友』創刊当時」と、いよいよジャーナリストとしての活躍を開始する。七章「国会開設前の政界と予」を経て、八章「『国民新聞』発刊時代」で足場を築いたあとは、九章「議会政治初期の政界と予」、十章「日活戦役時代と予」、十一章「日露戦役前の政局と予（上）」、十二章「同（下）」、十三章「日露戦役時代と予」、十四章「桂公の政党組織時代と予」まで、政界での黒幕的奔走をも含めて書いている。

このあと、十五章「書き遺せる思い出を拾う」で西園寺、伊藤、大隈など政治家との交流を語り、大正期に移って十六章「政界絶縁と立言者」、十七章「関東大震火災と厄難時代」で国民新聞社の全焼、再建を書き、最終十八章「国民新聞社退社以後古稀に至る迄」で終わる。各章の目次を見るだけで、蘇峰の半生を通じて、「大勢」「大局」を観るジャーナリストであることが裏付けられる。

蘇峰は『蘇峰自伝』で、その後の「予の生涯に於て、百敗中の最大敗というべき大東亜戦争には、一切触れていない」ので、「百敗」を中心に述べると言って書き始める。蘇峰は「生涯の歴史に於て、大きな穴を明けた事がある。その一は、自分が自ら新聞経営の任に当りたる事と、その二は余りに政治に深入りして、その為めに、本職よりも本職以外の事に、より多く気を取られ、力を消費するに至った事である」として、以下具体的にそれを回想している。

しかし「大東亜戦争」にまでつながっていない。「大隈を買被った一事」について多くを語っている。「予が政界に深入りし、柄にも無き侠気を出して大隈を守り立て、大隈によって、その所信を行わんとしたる結果は、かくの如く新聞その物さえも、殆ど廃刊せねばならぬ迄に到らしめた」。そして、「国民新聞を根津嘉一郎と共同経営をなした一事は、予の晩年の生涯に於て、大なる黒星といわねばならぬ」。さらに桂太郎との関係が「最早や首迄投没して、抜き差しがならぬ程になって」、それは「政治に淫する者」というべき事態になったこと、さらに桂新党を提案し、それに深入りし、その間に国民新聞社が二度目の焼き討ちを受けたこと、桂の死去が言論人としての「再生復活の好時機」となったと回顧している。

そして、蘇峰の歴史観の特徴は「実例によって教わる哲学」にある。過去の諸々の「実例」が、現在の現象を観察しているだけでは把握できないような未来を予見し、それが模範あるいは教訓となって、人びとをしかるべき実践に向けて誘っていくところに、歴史の本来の意義があると考える。つまりジャーナリストとしての本領は、あくまで過去の「実例」を通して具体的な実践的叡智を汲み取っていくことにある。

蘇峰はもともと哲学的に物事を観察することをしなかったが、新聞記者と哲学者とは異なると考え、一定の型にはまった歴史哲学を好まなかった。哲学者は哲理を求め、新聞記者は現象を追い、これを批判する。

歴史を創造的で、流動的なものと考えるのが新聞記者であると言っている。変説は自由人たる新聞記者にとっては至極当然のことである。

「新聞は明日の歴史で、歴史は昨日の新聞である。本文の記者は新聞と歴史とに片足ずつ跨げている様であるが、其の実は徹頭徹尾新聞記者として過去を語り、且つ将来をも語らんと欲する者である。然るが故に、予は如何なる時代の歴史を書いても新聞らしく、又予の新聞記事は如何なる題目を捉えても歴史らしくする。要するに、予はあくまで新聞記者の立場として東西古今を通観し且つ論定せんと試みるからである」（『三代人物史伝』）。

これが蘇峰の新聞と歴史の一体観であって、また他の場合に「新聞記者は歴史家たるべく、歴史家は新聞記者たるべしとするものである」ともいっている。ニュースは時の経過とともに過去、現在、将来と流れて歴史になり、その断面が新聞だと観るのである。

ただ世間の現象を新聞記事に、または歴史の叙述として書く場合に、物事の軽重があり、真偽の混入がどうしても生ずる。その選択や判断や批判には当然、書く人がいだく理念や理論が前提として基調をなすと蘇峰はいう。

蘇峰は今日のニュースを追いかける新聞記者と、そのニュースを選択して一貫した歴史を書くことは、もともとこの分業以外の何物でもないようであるが、新聞記者としての修練があって初めて生きた歴史を書くことができたのである。

戦前の蘇峰が織田信長に「自主的信念」の保持者の模範を、戦後の蘇峰が徳川家康に強大な勢力に挟まれた弱小者の知恵と努力の実例を想起したのは、まさしくこのような歴史観の実践であったと言ってよいだろう。

『私の履歴書』の松下幸之助

『カーネギー自伝』もそうであるが、事業家の自伝で、生家が貧しく、丁稚奉公で苦労したあげく、起業し、成功した事業家から学ぶべきものが多い。

日本を代表する経営者、松下幸之助（一八九四～一九八九）は『私の履歴書』を日本経済新聞で昭和三一（一九五六）年八月と昭和五一（一九七六）年一月の二回にわたって連載し、「経営の神様」として大きな反響を世間に与えた。実業界で成功した事業家の多くは、若いうちから真剣に自らの生きる道を決め、そのための努力を怠らなかった。そして、いつも凡人に比べ一歩先を歩いていたのである。立身出世の夢は、日本の高度成長時代を通じて、日本人の心に定着した。それを広め実践したのが、学歴の乏しい成功者・松下幸之助である。

さて、『私の履歴書』の前半は

一、父が米相場で失敗する

二、小僧時代

三、電灯会社時代

四、創業時代

五、松下電器の運命をかける
六、昭和二年の恐慌
七、発展時代
八、労組の擁護運動で追放取止め

父親が相場に手を出し破綻したため、大阪の火鉢屋の丁稚小僧になったのが小学校四年の九歳。三カ月働いたあと、親方の知り合いが自転車屋を開くことになって、自転車の修理見習いに奉公替えした。自転車屋での奉公は六年間、一七歳まで続いた。

「このころ私は自分の進む道を一生懸命に考えた。これはいま考えるといささか噴飯物だが、当時大阪市は全市に電車を動かそうと計画しており、一部の線は開通していた。そこで電車ができたらいまに自転車の需要は減るだろう。この反対に電気事業は将来非常に有望だ。ひとつ転業しようと私は決心した」（『松下幸之助　夢を育てる』）

大阪の市電計画が自転車の需要減につながると読んだのは、さすがであり、電気事業の将来性に賭けた判断に間違いはなかった。一七歳とはいえ、自身の生き方を真剣に考えた結果であろう。その後の足跡は、明治四三（一九一〇）年、大阪電灯に入社し見習工になった。大正二（一九一三）年関西商工学校夜間部へ入り、大正六（一九一七）年、二灯用改良ソケットを考案、独立して電気事業に本格的に取り組み、翌七年に松下電気器具製作所を創立し、大正一二（一九二三）年、自転車ランプを発売、販売の苦労を知るが、昭和二（一九二七）年、ナショナルの商標をつけた角型ランプがヒット商品になった。

昭和四（一九二九）年には社名を松下電器製作所と改称するが、その二年後ラジオを量産し、規模を拡大、昭和一〇（一九三五）年には組織を法人化して、松下電器産業株式会社と改称した。太平洋戦争時は無線機器、レーダー、航空機部品まで軍需品を生産したが、そのため、敗戦後、財閥指定を受け、公職追放になった。しかし、昭和二二（一九四七）年、松下労組の抗議運動により、公職追放を取り消され、実業界に復帰した。

後半は昭和二五（一九五〇）年七月に、会社再建への道を歩み始めてから、四半世紀に近い昭和四八（一九七三）年末までの期間である。

九、会社再建めざし米国視察
一〇、フィリップス社と提携
一一、中川電機と日本ビクターを引き受ける
一二、五カ年計画で売り上げ四倍を
一三、輸出増大を図る
一四、会長に就任、経営見守る
一五、甘えた「所得倍増論」に警鐘
一六、四十年不況で陣頭指揮に
一七、〝ダム経営〟のもと週五日制へ
一八、経営は芸術、賃金でも欧州抜く

一九、創業五十周年記念式典
二〇、過疎地振興と万博「松下館」
二一、会長退任、決意新たに

後半は大企業化した松下電器の製品、生産、販売、輸出の規模拡大が中心であるが、会長、相談役になってからも経営を大所高所から見ながら絶大な影響力を持ち続けた。

相談役になってから、予期せぬ石油ショックが起こり、政治も経済も混迷の極に達した。

生涯をかけて理想社会の実現を追い求めた松下幸之助は、自らの経験と直感から、「日本はますます混迷の度を深めていく」と今日の日本の危機的状況を予見して、この難局を打開するためには「我が国を導く真のリーダーを育成しなければならない」との思いから、最後の事業を思い立った。松下幸之助は、昭和五四（一九七九）年、八四歳にして、私財七〇億円を投じ、未来のリーダーを育成する財団法人松下政経塾を設立したのである。卒塾生たちは、政治家、企業経営者、社会起業家、研究者など、それぞれの立場で活躍している。

そして、昭和六二（一九八七）年、「物心両面の繁栄により平和と幸福を実現していく」という理念のもとで、ＰＨＰ研究所を京都に設立した。ＰＨＰで発刊された創立者・松下幸之助の著書や訓言集は現在、ほとんどの事業家向けの「経営の教科書」になっている。

コラム②　松下幸之助には師匠がいた…………………………

経営の神様・松下幸之助に先生がいた。それは年齢が六歳上のトヨタの石田退三である。二人が初めて会ったのは昭和二六（一九五一）年であるが、松下はそれについて「最初に会った時の衝撃は忘れられない。その頭脳の回転の早さ、物事の本質をピシャリと捉える眼力の鋭さには、ただただ舌を巻くばかりであった」といっている。石田は求められると、松下電器の経営に関しても、常に忌憚のない意見を述べたという。幸之助は「その都度、私の胸に鋭く響き、さすがだなあと感じ入った」といっている。

以来、松下幸之助はなにか困難や疑問が生じるたび、こんなとき石田さんならどうされるだろうか、と想像しながら（松下の）経営を押し進めてきたという。

松下幸之助は「世間では私のことを〝経営の神様〟と称しているようだが、そんなことはとんでもない、私自身、心から石田さんに師事し、その教えを素直に受けることによって今日の安泰を得たと思っている。石田さんは稀にみる大商人であり、一個人としても底知れない魅力を秘めた方であった」と言い、さらに私どもの会社が今日あるのも経営の基本方針を曲げなかったことにあると自負しているのだが、トヨタの石田さんにも強い信念があり、その哲学をうかがうたび、「われわれはまだまだ甘っちょろい、もっともっと（基本方針を）社内に徹底させねばならぬと反省させられたことである」と石田流のトヨタ経営哲学と行動理念に感服している。

石田はトヨタを日本一の優良会社にした後も、「財界活動なんか暇な人がやるもの」と公言し、財界活動や経営者の社外活動には批判的であったが、唯一の例外なのが幸之助の主宰するＰＨＰ（繁栄によって平和と幸福を）活動である。ＰＨＰ活動を聞かれると、この男にしては珍しく、松下のＰＨＰの活動に賛同し、松下を評価したという。

松下は石田を経営のスペシャリストと見ていて、「石田さんは四〇歳を過ぎてから豊田紡織に入り、還暦を過ぎた身でトヨタの再建社長を引き受け、最後はトヨタグループの総帥まで、のし上がった。一介のサラリーマンで、あれだけの実績を上げた人は二人といない。この一点だけ取り上げても、十二分に尊敬できる」と言っている。与えられた場、運命の転変に揉まれながらもグチをこぼさず、精一杯に生きた石田退三を師匠として尊敬していた松下幸之助であった。

三章　アメリカン・ドリームを実現したフランクリン

立身出世・典型的アメリカ人の人生

ベンジャミン・フランクリン（一七〇六～一七九〇）はアメリカ合衆国の実業家、政治家、外交官、著述家、物理学者、気象学者で、そのどの分野でもアメリカで最高級の成果をあげた著名人である。アメリカの一〇〇ドル紙幣に彼の肖像が描かれている。

フランクリンの『フランクリン自伝』は、わが国では、明治時代、立身出世のバイブルとして広く読まれた。立身出世が積極的な価値をもっていた時代である。ボストンの無名の家に生まれ、正規の教育はほとんど受けなかったが、独学で教養を身につけ、勤勉と節約の生活を旨とし、事業家としても成功した。フランクリンは多才で、多面的な活躍をしたが、後半生では、独立戦争後、建国の父の最年長として決定的な役割を果たした。そして、『フランクリン自伝』で自らの人生を振り返り、全く同じ人生を繰り返すことにいささかも異存はないと言いきっている。

ベンジャミン・フランクリン
（ウィキペディアより）

『フランクリン自伝』は息子のウィリアムに向けて著したのは明瞭である。「わが息子が抱いていると思われる好奇心を満たす」つもりで書いたと述べているからである。その一つの目的は、出費を抑え、父がやってきたことを見習うようウィリアムに忠告することであった。

自伝の内容を目次で見てみよう。

一、少年時代、二、フィラデルフィアのフランクリン、三、ロンドンのフランクリン、四、フィラデルフィアで独立、五、人間形成期、六、一三の徳目の樹立、七、成功の道を歩む、八、社会活動（一）、九、社会活動（二）、一〇、植民地防衛の軍事活動、一一、植民地課税をめぐる対立抗争、一二、植民地代表として再びイギリスへ、フランクリンの自伝は、歴史的事件の記述などより、細部の逸話、教訓のほうがおもしろい。多くの読者に読まれるのも、そうしたフランクリンの学識の広さと文筆力であろう。

フランクリンは自伝の目的を

一、貧しい環境から身を起こし、富裕と幸運を勝ち取った手段。

二、老人によくある身の上話や手柄話。

三、自分の自惚れを満足させること。

フランクリンの自伝では精神的な懐疑や苦悩がまったく書かれずに、子孫の者のために生涯を語っている。何といっても心に響くのは「時間をむだにしないこと。有益な仕事に常に従事すること。必要のない行為はすべて切りすてること」といった具体的に一三の徳目をあげ、自らもそれを習慣として身につけた。

そして、自分が社会的に成功するまで用いた「有益な手段」を子孫に伝えることが自伝執筆の動機の一つであった。

『フランクリン自伝』はフランクリンが五三歳の時に書かれたものであるので、後半三〇年は書かれていない。したがって、前半の波乱万丈の物語だけでなく、後半生の活動を背景にして読むべきであろう。後半はイギリス本国との関係が悪化の一途をたどる中で、フランクリンは外交官として非凡の才を発揮した。独立戦争を経てアメリカが独立する際、「独立宣言」「米仏同盟条約」「対英講和条約」「連邦憲法」の四つに全て関与し、署名したのはフランクリンだけである。その後、高齢でのペンシルヴェニア州知事を経験するなど政治家としてもアメリカでは偉大な実績を持っている。

したがって、『フランクリン自伝』は、後半三〇年の実績を考えることで、立身出世のバイブルというだけでなく、フランクリンの性格と思想から「アメリカ精神の源流」を理解するのに最適な書物である。

このフランクリン自伝は日本でも広く読まれ、文学者、実業家、政治家など多くのファンが存在する。

幼・青年時のフランクリン

フランクリンは、一七〇六年一月一六日、ボストンのミルク・ストリートで生まれた。父親は鍛冶屋で、一六八三年の後半に家族はイギリスからイギリス領アメリカ・マサチューセッツ州ボストン市に移住し、先妻はボストンで死去し、アバイア・フォルジャーと再婚した。その時、父親はろうそく製造を行っていて、一七人の子供をもうけ、先妻の子を含めるとフランクリンは、じつに一七人兄弟の一五番目になる。八歳で入学した学校も一〇歳のときにはやめ、父の商売の石鹸製造や印刷所の下働きなどをする。

フランクリンは子供のころから本を読むのが好きで、少しでも金がはいるとそれを本代にした。『天路歴程』が気にいったのがきっかけで、ジョン・バニヤンの作品を集めた。それらはのちにR・バートンの『歴史叢書』を買うために売ってしまったが、行商人の売り歩いている小型の安本で、全部で四、五〇冊あった。父がもっていた本は、おもに弁証神学に関するものであったが、それもほとんど読んだ。さらに、プルタルコスの『英雄伝』は時間をかけて読んだ。そして、フランクリンのものの考え方に転機を与えた書物はデフォーの『企業について』、マザー博士の『善を行うために』の二冊である。

このようなフランクリンの本好きに目をつけて、父は印刷屋が向いていると考えたようだ。

そのため、フランクリンは、一八一八年にアメリカで四番目に古い新聞『ニュー・イングランド・クーラント』紙を印刷出版していた兄のジェームズのところに弟子入りした。その後、次第に記者や編集者として頭角を現し、同紙の自由主義的論調により兄が投獄されたときは、代わりに発行人となったこともある。

一五歳のとき、兄の発行していた新聞に匿名投稿をしたほどの才能を見せ、独学で哲学論文を書いたりした。そして、フランクリンは一八歳の時、ペンシルヴェニア州の知事キース（提督）の知遇を受け、そのすすめで印刷所を開業する気になる。ところが準備のためロンドンへ渡ると、約束していたキースの推薦状は来ないし、キース自身信用できぬ人であることがわかり、友人ラルフとそのままロンドンに留まり、印刷工となった。

一年半にわたりロンドンに滞在、印刷業に従事しながら働き、生活は楽ではなかったようだ。しかし後の印刷業開業のための修養にはなった。そして財産はできなかったが、デナムら数人の聡明な友人を見つけることはできた。

そして、一七二六年、デナムと一緒にフィラデルフィアに一〇月に帰国した。しかしその後、デナムは病気のため死去し、二人で事業をやる計画はなくなったが、デナムはフランクリンに少額ながら遺産を残してくれた。

印刷業の起業と書籍の出版

フランクリンはメレディスを相棒にして、一七二八年に印刷所を開業する。一七三〇年には、メレディスと別れて単独経営を始めた。そして一七三〇年、二四歳で、かつて下宿していたリード家のデボラ・リードと結婚する。この年、長子ウィリアムが生まれるが、それはデボラとの結婚より前のことであり、その母親はデボラ自身ともいわれ、また別の女性であったともいわれ、真実は不明である。もちろん自伝には「九月一日、私はリード嬢を妻に迎えた」としか書いてない。

二年後、有名な『貧しいリチャードの暦』を発行し始める。その暦の余白に「早寝早起き、健康、財産、知恵のもと」「天は自ら助くる者を助く」といった実践的な道徳、魅力的な諺・金言を入れたので評判になった。楽しくもあり役に立つものにしようと努力し、国民の支持を得て、北はボストンから南はチャールズタウンまで広範囲に需要を広げ、たちまち大ベストセラーになり、毎年一万部近く売れ、かなりの利益を手にした。

フランクリンは印刷業の経営で成功しただけでなく、書籍の出版など新たな商機をつかむのが巧みであった。一七三六年にペンシルヴェニア植民地議会の書記、郵便局長を歴任、消防組合を作ったり哲学協会を設立した。そして議会御用達の印刷屋になり、投票用紙や法令やさらに紙幣の印刷まで請け負った。最終的にはデラウェア、ニュージャージー、メリーランドでも御用達の印刷屋となった。

フランクリンはフィラデルフィアの郵便局長になった時には、給料は少なかったけれど、この仕事のおかげで、各地の情報がいち早く入り、知識の集約地であった。郵便局長の仕事と新聞発行は深い関係があり、各地の郵便局長はしばしば最新のニュースを伝える新聞発行人でもあった。おかげで『ペンシルヴェニア・ガゼット』の新聞の内容も良くなったし、発行部数や掲載される広告量も伸びた。売上収益も一段と上向いた。

フランクリンは書籍の出版にも積極的に取り組んだ。植民地の書籍出版は宗教団体からの資金提供を受けて出版するのが通例であったが、フランクリンは独自企画の本、著者の依頼のものも次第に増えていった。フランクリン印刷所で出版された書籍や小冊子のうち半分強は著者が費用負担したものであった。一七四〇年から二年間、巡回牧師ホイットフィールドに関連した書籍は四三点ほど発刊している。

フランクリンの印刷所は、自己企画の出版物と輸入本の小売販売、卸売販売を行っていたが、書籍以上に新聞、文房具類、印刷物関連の方がはるかに売上は大きい。そして印刷所の定番というべき暦の発行で読者層を広げ、自己企画本・関連商品で印刷所の経営を安定化させるノウハウを確立した。こうしてフランクリンは「富への道」を歩み出すのである。

フランクリンの経営の非凡さ

フランクリンがイギリスでの印刷業の修養時代も含め、フィラデルフィアで開業し、着実に売上げ、収益を上げていったが、その背景には並々ならぬ不断の努力と非凡さがあった。驚くのは、印刷業者フランクリンは活字もインクも自前で作り、紙幣印刷の銅板も彫ることができる優れた技術者であったことである。その職人腕と工夫は自然科学者、工学者としての資質を備えていた。次に、印刷業としてのフランクリンは一方で新聞社主であり、出版社であり、さらにジャーナリスト、文筆家という一人何役もこなしたことである。印刷業を核にした経営の多角化ともいえる。

印刷所経営の成功は新聞の売れ行きや書籍の売り上げに基づくものであったが、前述したように公的な仕事とも結びついて成功したものである。例えば議会御用達の印刷屋、公共事業の宣伝活動など、印刷所の仕事を増やすことにより、フランクリンの私益とも結びついていた。つまり、フランクリンは印刷所経営に携わりながら私益と公益が一致する仕組みを作り上げたのである。このあたりが誰でもできることではなく、フランクリンの才智あってのことである。

チェーン化とフランクリンの富

フランクリンは若い職人が独立するのを助け、独立した印刷所をチェーン化したことがフランクリン自身の収益を増大させたのである。今でいうフランチャイズシステムである。

儲かっていた自分の印刷屋に加え、フランクリンはさらに、他の植民地でも印刷屋を開業したり出資を始めたりしていたが、フランクリン本家の印刷所の職人であった若者との共同経営による出店の形態をとっていた。たとえばサウスカロライナのトマス・ホイットマーシュやニューヨークのジェイムズ・パーカーといった者たちである。フランクリンは印刷機や活字やその他の資材を供給し、その代わりとして、平均して六年間であった契約期間を通して、共同経営する印刷屋の利益の三分の一を手にした。一七四三年までに、フランクリンは三つの異なる植民地で三つの印刷屋を所有していた。

このようにフランクリンは起業家であり、裕福な実業家になっていた。フランクリンの事業や収入については、北米大陸の北部で最も裕福な植民地住民の一人であったことは確かである。一七四八年にデイヴィッド・ホールと共同経営の関係を結んだ彼の印刷屋からだけでも、フランクリン側に年間平均六〇〇ポンドを超える寄託金をもたらした。ジョージ・ワシントンのマウントバーノンが一七七〇年代初めに年間一二〇〇ポンド程度しかもらっていなかったことを考えると、六〇〇ポンド以上というのは大変な額である。一七五六年から一七六五年の間、年間二五〇ポンド以上が、政府向けの仕事から二人にもたらされたが、ここにはフランクリンとホールが植民地の紙幣を印刷して得た金は含まれていない。フランクリンの総収入は最終的には年間二〇〇〇ポンド近くに達し、これはペンシルヴェニア植民地の総督の給料の二倍であった。フランクリンは他の植民地の多くの印刷屋と共同経営して利益を分け合っていただけでなく、少なくとも一八の製紙工場を次々と建設してもいた。

一方で、フランクリンは英語圏で最大の紙の販売業者でもあった。また、フィラデルフィアをはじめとする多くの沿岸諸都市に、たくさんの賃貸不動産を所有していた。さらに、フランクリンは金融業として、裕福な債権者となり、事実上、大金を貸し付けて影響力を行使した。貸付金は、二シリングほどの少額のものもあったし、二〇〇ポンドもの高額のものもあった。そして特筆できるのは利益金の使途、資金の運用のため、土地への投資を引き続き行った。ところが、一七四〇年代半ばになると、富豪の興味が変わってきた。フランクリンは、自分の発明した、きわめて好評で利益をもたらすストーブの独占的な特許を得ようとしなかった。富へのこだわりから公益への関わりに、次第に関心が移って行った。

一三の徳目の樹立

『フランクリン自伝』は、一七七一年（六五歳のとき）トワイフォードで執筆をはじめ、一七八〇年に五章まで書いて中絶した。そして続稿は一七八四年パリ郊外パッシーで執筆が再開された。六章だけを記し、さらに一七八八年（八二歳）、フィラデルフィアの自宅で七章まで続けたものである。しかし結局、一七五七年彼が渡英して、領主と交渉を始めたあたりで話は終わっている。

第六章は、フィラデルフィアに公共図書館を建てた話（一七三一年）から始まる。会員制で、数年後法人組織になるが、この図書館のおかげで毎日二、三時間を勉強にあてるようになった。

「イギリスの諺に、金持ちになるかどうかは女房を見れば分かる、というのがある。私は自分と同じように勤勉と倹約を愛する妻をもったことは幸運だった。……私は役に立たぬ召使いなどおかないで、食事は簡単にすませ、家具も一番安いものを使っていた。たとえば、朝食は長い間パンとミルクだけでお茶も飲まず、これを二ペンスの陶器の深皿に入れ、錫と鉛の合金スプーンで食べた」。

フランクリンは、諺や名言を好み、『貧しいリチャードの暦』の中に多くの傑作を書き込む。たとえば、「人とメロンは中味が分からぬ」「魅力というものが無意味なものであるように、無意味なものが魅力になる」「三人の間の秘密は、その二人が死んではじめて守れる」「結婚前には目を大きくあけよ。結婚したら半分閉じよ」等々。

一方、フランクリンは、道徳的に完全な人間になろうとして、当時自分自身に必要であり、また望ましいと思われた徳を一三の名称に含ませ、それぞれに短い戒律をつけた。

一、節制　頭が鈍るほど食べないこと。浮かれだすほど飲まないこと。

二、沈黙　他人または自分自身の利益にならないことをしゃべらないこと。つまらぬ話は避けること。

三、規律　自分の持ちものはすべて置くべき場所をきめておくこと。自分の仕事はそれぞれ時間をきめてやること。

四、決断　やるべきことを実行する決心をすること。決心したことは必ず実行すること。

五、節約　他人または自分のためにならないことに金を使わないこと。すなわち、むだな金は使わないこと。

六、勤勉　時間をむだにしないこと。有益な仕事につねに従事すること。必要のない行為はすべて切りすてること。

七、誠実　策略をもちいて人を傷つけないこと。悪意をもたず、公正な判断を下すこと。発言するさいも同様。

八、正義　他人の利益をそこなったり、あたえるべきものをあたえないで、他人に損害をおよぼさないこと。
九、中庸　両極端を避けること。激怒するに値する侮辱をたとえ受けたにせよ、一歩その手前でこらえて激怒は抑えること。
十、清潔　身体、衣服、住居の不潔を黙認しないこと。
十一、平静　小さなこと、つまり、日常茶飯事や、避けがたい出来事で心を乱さないこと。
十二、純潔　性の営みは健康、または子孫のためにのみこれを行って、決してそれにふけって頭の働きを鈍らせたり、身体を衰弱させたり、自分自身、または他人の平和な生活や信用をそこなわないこと。
十三、謙譲　キリストとソクラテスにみならうこと。

フランクリンの意図は、これらの徳目をすべて「習慣」にして身につけることであったので、一度に全部やろうとして注意を分散させるやり方よりは、一度に一つだけ特定の徳目に注意を集中させ、その徳目を修得しおえたところで、もう一つの徳目に移るといったふうに次々と一三の徳目を身につけるやりかたが良いと考えたのである。

フランクリンはこれらの徳を一つずつ身につけていくために一覧表を作り、毎日どれだけ守れているか記していった。この手帳形式も、ピタゴラスの『金言集』にヒントを得たものである。さらにフランクリンはまた一日の時間割をつくり、五時起床、一日の計画をたて、八時から一一時まで仕事、昼食時二時間に読書・帳簿調べ、五時まで仕事、夕刻は整頓・夕食・音楽・娯楽・雑談・一日の反省と決めている。外国語の勉強をしたときの話をみても、まずフランス語をマスターし、本が読めるようになってから次にイタリア語を始め、チェスに誘う友人がいると負けたほうが文法を暗記したり翻訳したりすることにして、遊びも勉強に利用した。

若き商工業者への提言

前項の一三の徳目はフランクリン自身が修得するためのものであるが、さらに、「チェーン化とフランクリンの富」の項で述べたように、若者の独立を支援し、自らの印刷業のノウハウを転移させている。フランチャイズチェーンの元祖ともいえるもので、その経営理念ともいえる「若き商工業者への提言」をその規範にしている。「時は金なり」「信用は金なり」を基本信条としている。そして勤勉な職人の条件として、

「どんな仔細なことでも、信用に影響を及ぼす行為には留意しなければならない。朝五時か夜九時に君の槌の音が債権者の耳に聞こえれば、相手はあと六ケ月は気を楽にしているだろう。ところが、当然働いていなければいけない時間に、玉突き場にいるところを見かけられたり、居酒屋で声を聞かれたりしたら、すぐ、翌月、金を取りによこすだろう。期日まえに全額返済を要求するだろう」。

と説明を加えている。

かつてフランクリン自身が受けたものであり、居酒屋に出入りした人物は最初の共同経営者・メレディス

を想起してのことであった。

晩年は外交官・政治家として国に尽くす

『フランクリン自伝』には後半の三〇年は書かれていないが、外交官、政治家としてアメリカ建国のために尽くした。事業家として、フランクリンは一七四八年に、経済的に安定したことを確かめると、印刷業の第一線から退いた。

そして、以前から活動をはじめていた地域社会の指導者、政治家としてフィラデルフィアの道路舗装や、消防組合、病院・学校設立など、数多くの公共事業に尽力した。また科学にも興味をいだき、一七五二年には、有名な雷雨の中での凧上げ実験をし、稲妻と電気の同一性を証明した。こうして、人生の半ばにして、政治家および科学者として、国の内外にその名が知られるようになった。

生涯、最後の三〇年あまりは、一七五七年に植民地の課税権をめぐる対英交渉にあたり、その後ペンシルヴェニア義勇軍隊長、イギリス王立協会会員ともなり、軍事費調達問題で領主（知事）と州会が衝突するや、州会を代表してイギリスに渡って領主との交渉にあたった。『富への道』『歴史的概観』などの著書を発表したのもこの時期である。

それ以来、大西洋を横断し、植民地と英本国との関係が悪化の一途をたどるなか、英仏との外国折衝にあたり、外交官として非凡な才能を示した。独立戦争中、フランスから経済援助を取りつけたフランクリンは、建国の父と呼ばれる当時の植民地指導者のなかで、おそらく独立達成のための最大の貢献者であろう。

アメリカ合衆国の骨組みをつくった「独立宣言」「米仏同盟条約」「対英講和条約」「連邦憲法」の四つの文書のすべてに署名したのはフランクリン唯一人である。

一七八五年、外交官として大役を果たして帰国したフランクリンは、七九歳の高齢にもかかわらず、独立後の初代ペンシルヴェニア州知事に選ばれた。

一七九〇年四月一七日、フィラデルフィアで八四年の波瀾に富んだ生涯を閉じた。連邦下院は国葬を決議し、葬儀には二万人が参列した。八年間フランスで過ごしたこともあり、フランクリンの死を悼んでフランス国会は三日間の喪に服した。

一八世紀アメリカのレオナルド・ダ・ヴィンチと称されるフランクリンは、印刷業者から始まり、ジャーナリスト、哲学者、発明家、科学者、社会運動家、政治家、外交官、文筆家・文学者という多彩な肩書をもっており、そのいずれの分野においてもその時代の第一人者であり、アメリカン・ドリームを実現させた歴史上の人物であった。

コラム③　アメリカン・ドリーム……………………

アメリカン・ドリームとは、米国建国の理想で、自由・平等・民主主義をベースにして、母国や階級に関係なく、自らの努力で成功をつかむことをいう。フランクリン、カーネギー、ロックフェラーなどアメリカン・ドリームを実現したアメリカの事業家から学ぶことが多い。彼らは、その時代の世情を正確に読み、自らの事業を大局的見地から見つめ直す、判断力と決断がすばらしかった。

そして、起業・離陸・成長・再建のサイクルで、ダイナミックに市場、顧客開発を進めた。事業の上では当面のライバルを倒すため、直面する状況に対応し、全力を投入し、勝利した。一方で、富豪になるという目標だけでなく、利益を社会に還元するという、社会貢献においても同じ意欲を示し、実行した。事業の成功と社会貢献（フィランソロピー）は繋がった理念であり、これがアメリカン・ドリームの特徴でもある。

四章　アメリカの鉄鋼王・カーネギーの社会貢献

富と社会貢献のモデル

『カーネギー自伝』は、全世界にその名を知られたアメリカの鉄鋼王アンドリュー・カーネギー（一八三五～一九一九）が書いたものである。多くの起業を志す人にとっては、立身出世を果たした成功者としての実績が活きた経営書になっているのである。しかも自伝であるから証拠は十分で説得力も大きい。アメリカでは「アメリカン・ドリーム」を実現した人物としてもてはやされている。

この自伝は実業界を隠退したカーネギーが毎夏、スコットランドのオールトナガの小さな別荘に引きこもって、静養をするときに数週間ずつ何年間にもわたって書き続けられたものであるが、第一次世界大戦の勃発で筆が終わっており、彼の死後、ルウィーズ夫人の依嘱を受けたジョン・C・ヴァン・ダイクが編集したものである。

アンドリュー・カーネギー（ウィキペディアより）

自伝の内容を目次で見てみよう。

「一、両親と幼少時代／二、故郷の生活とアメリカ／三、勇敢な母と私の就職／四、最初の図書館／五、電信局にて／六、鉄道に職を奉じて／七、ペンシルヴァニア鉄道会社の主任となる／八、南北戦争時代／九、橋をつくる／一〇、製鉄所／一一、本社をニューヨークにおく／一二、モルガン商会との取引き／一三、鋼鉄時代／一四、世界一周の旅／一五、馬車の旅と結婚／一六、製鉄所と働く人たち／一七、ホームステッド工場のストライキ／一八、労働の諸問題／一九、『富の福音』／二〇、教育振興基金／二一、平和のために／二二、M・アーノルドと他の友人たち／二三、英国の政治的指導者たち／二四、グラッドストーンとモーレー／二五、スペンサーと彼の弟子／二六、政界の友達／二七、ワシントンの外交／二八、ヘイ国務長官とマッキンレー大統領／二九、ドイツ皇帝に謁見する」

この目次を見ると、カーネギーが移住したアメリカは、工業化、都市化の進展、大量の移民の流入により、貧富の差が大きい時代であった。貧しい移民の家族から身を起こし、勤勉と才覚によって一代で巨万の富を築いた大実業家に至った過程を、カーネギー自らが書き綴った立身出世物語である。

全体の構成を三つに分けると青少年時代、事業家時代、引退後となっている。青少年時代は彼自身の成長が分かりやすく書かれ、展開に飽きないのだけど、事業家時代は経営の知識がないと読みづらいし、事業家としての行動がわかりづらいところがある。

しかし、事業家時代から得られるものは、起業家魂と企業家精神である。良き経営者の資質である謹厳実直という美徳である。自伝に描かれたカーネギーは、勤勉で進取の気性に富み、時代を先取りして事業を展開し、信頼と誠実さを尊び、人間関係を重視するという姿勢で一貫しているのである。

企業経営者として、タイミングが絶妙な機会の選択、事にあたっての決断力と責任感、技術革新や科学的経営への意欲は申し分のない資質であった。自伝には、波乱万丈の冒険や劇的なロマンスこそないものの、こと細かに記された彼の信頼に値する態度と幸運な出来事の積み重ねが、一人の名も無き若者をアメリカ随一の事業家に成長させていったという事実が、読者に、深い感銘を与えるのである。

スコットランドから一家でアメリカへ移住

アンドリュー・カーネギーは一八三五年一一月二五日、スコットランドのダムファーリンの平屋建の家で、織物職人の息子として生まれた。両親は貧しかったが正直者であり、親類縁者も善良な人ばかりだった。祖父アンドリューは機知に富み、ユーモアをよく解し、明るい性格と進歩的な人物で、町の人びとのリーダー的存在であった。彼は、このような祖父の名前をもらってアンドリュー・カーネギーと名づけられた。彼は、祖父を自慢し、終生、名前をついだことを誇りにしていた。カーネギーは「楽天的で、少しくらいのトラブルでは平然としているくらい、明るい性格であり、これも祖父から受け継いだに違いない」と言っている。

母方の祖父トーマス・モリソンは、天性の雄弁家で、才知にたけた政治家で、長い間、地域の革新政党のリーダーを務め、活躍していた。カーネギーがアメリカに行ってからも、スコットランドから来た人たちによくモリソンの孫かと聞かれ、親交を結ぶきっかけとなった。伯父のラウォダーは、少年の教育に朗吟が非常に重要だと固く信じていたので、カーネギーは中世の英雄詩を朗吟するのに忙しく、少なからず影響を受けた。この教育方針によって、カーネギーの記憶力は強化された。また、祖国スコットランドへの愛情と忠誠を育ててくれた。

さて、蒸気機械の出現とその改良によって、ダムファーリンの小企業者の商売はだんだん悪化するばかりであった。それでとうとうピッツバーグ市にいる母の二人の妹に手紙を書いて、私たちもアメリカへ行くのを真剣に考えていると伝えた。

私が憶えているところによると、両親は自分たちの生活状態をよくするためというよりは、むしろ幼い二人の息子のためであるといっていた。返事をもらったが、手紙はみな早く来るようにということであった。アメリカに渡る旅費をつくるために、織機と家具が競売された。だがそれでも旅費には二〇ポンド足りなかった。母の親しい友人であるヘンダーソン夫人に二〇ポンドを借りることでようやく当座の資金はできた。

一八四八年五月一七日、一家はダムファーリンを発った。父はその時四三歳、母は三四歳、カーネギーは一三歳、弟のトムは五歳であった。こうしてアメリカに移住、ピッツバーグに近いアリゲニー・シティーに居を構えた。

ピッツバーグで電報配達夫になる

アメリカへの移住で、カーネギーは学業を中断したが、アメリカに行ってから一冬、夜学に通い、また一時、フランス語の先生についた。そして奇妙なことに、彼は一時、演述法の教師について演説する技術を学んだことがある。

父が織物を織り、売り歩くのだが、なかなか売れない。母が少女時代に覚えた靴縫いの内職をしたのだが、週四ドルの収入しかなかった。彼は何か家計の助けになることをしなければとあせった。当時家族は、月二五ドル、年三〇〇ドルをどうしても必要としていたからである。父は綿織工場に勤めた。父はこの工場で彼のために糸巻きの仕事を見つけてくれた。カーネギーはここで働き始め、週給一ドル二〇セントであった。

一八五〇年の冬、彼がピッツバーグ市のウイリアム先生という人の塾に通って複式簿記を学んでいた頃、市の電信局の電報配達夫に就職する可能性がでてきた。カーネギーはこの機会はのがせないと思い、積極的に行動し、ついにこの就職に成功した。

カーネギーが正式に職業人として、人生の第一歩を踏み出したのである。電報配達夫の仕事を始めて、町の有力者と知り合いになった。その中には後にリンカーン大統領の側近になったエドウィン・スタントンがいた。そして電報配達夫の仕事は楽しかった。日課となっていた電信室の掃除をする間に、電信機の操作の練習をし、キー操作を習得し、他局の少年と交信するまでになった。電信局に勤めて一年ほど経つと、ジョン・P・グラス大佐から留守番を時々頼まれるようになり、信頼を得ていた。そして給料が一三ドル五〇セントに昇給した。カーネギーは、この時の昇給した二ドル二五セントのお金は、後年に築いた巨額の富よりもずっと価値のあるものだったと言っている。

一家の家計も父、母、そしてカーネギーの働いた分を加えて、一家は二〇〇ドルの貯金ができ、ヘンダーソン夫人に送金することができた。こうしてカーネギー一家は借金から解放されたのである。

そして、カーネギーは一七歳で、電報配達係から一躍、月収二五ドルの電信技師に昇進することができた。一日一ドルを稼ぐ、中流の社会人になったのである。

ペンシルヴェニア鉄道に転職

一八五三年、カーネギーは夜勤で知りあったペンシルヴェニア鉄道の監督をしていたトーマス・A・スコット（一八二三〜一八八一）に、当時の若者にとっては高額の給料三五ドルで採用された。カーネギーはスコットの秘書兼事務員兼電信技手となった。彼は広い世界に足をふみ入れたのである。入社してからは、女性電信技師を採用したり、スコット監督不在の時は業務代行をこなし、そして東部管区の大事故の際は、見事に難事を処理するなど非凡な能力を発揮した。その時代にカーネギーが考えたことは自分に割り当てられた狭い領域の中で、漫然と仕事をするのではなく、職務以外のことも積極的に挑戦することであった。

一八五九年、カーネギーはピッツバーグ管区の主任に任命された。一八六一年にはじまった南北戦争は、ペンシルヴェニア鉄道に背負い切れないほどのサービスを要求するようになっていたのである。夜間部隊を編成せざるを得ない状況になった。

そうした中で、トーマス・スコットが輸送担当の陸軍次官に任命され、カーネギーも一時、補佐官として陸軍省に入り、ワシントンに行き、軍用鉄道と政府の電信通信網を組織化する仕事をした。そして、スコットからカーネギーは、創業まもない企業への投資は収益をもたらす可能性が大であることを教わり、その企業へ投資する。カーネギーは母親から借りた資金をアダムスエキスプレス社の株式の購入にあてた。母は自宅を抵当に入れてこの資金をつくっている。そのあとにもカーネギーは資金を借り入れ、新発明の鉄道用寝台車両の商業利用をめざすベンチャー企業に投資した。

鉄橋建設会社と製鉄所

新規事業の起業に関心が高まったカーネギーは鉄道会社を辞めて、鉄橋をつくる会社の創設を企画した。創立者五名が一二五〇ドルずつ出資したが、カーネギーは銀行から借金をした。会社は一八六二年に組織され、翌年もう一つの鉄工所を接収してキーストンブリッジ社と命名した。キーストンブリッジ社はカーネギーが全力を投入した事業で、これが他の関連する事業の親会社となった。この会社の方針は「価格よりも品質で勝つ」であった。作業所で橋のパーツを作り、現地で組み立てた。当時材料は鋳鉄製で堅牢さを誇った。

そして、南北戦争中に鉄の値段はぐんぐん上がり、一トン一三〇ドルまでいった。アメリカの鉄道は新しいレールに欠乏し、危機に瀕しかけていた。そこで一八六四年にカーネギーは、ピッツバーグにレールをつくる会社を組織したのである。協力者と資本を得るのに支障はなく、スピリアール鉄工所と溶鉱炉が創設された。同様に機関車の需要もあったので、トーマス・スコットとカーネギーは、一八六六年にピッツバーグ機関車製造所を建てた。この工場でできた機関車はアメリカ中の評判になった。会社の方針は「最高でないものなら造らない方がましだ」であった。

ピッツバーグ機関車製造所の一〇〇ドルの株が、一九〇六年には三〇〇〇ドルになるほど優良会社になった。そしてカーネギーは寝台車両会社、石油会社にも投資を行った。

一八六七年、本社をニューヨークに移し、そこで会社の総合的な政策の指揮と重要な契約交渉に当たった。その後、カーネギーは本格的に製鉄業に着手した。

カーネギーはしばしばイギリスに出張していたが、あるときたまたまこのベッセマー製鋼法を目の当たりにした。発明家でもあった事業家のヘンリー・ベッセマーは、イギリスで、世界中の産業を変えてしまうような製造法の開発に取り組み、鉄鉱石から鉄をつくり出す生産工程の工業化が実現した。このベッセマー製鋼法はまさに革命だったが、カーネギーは一八七〇年に、初の高炉を建設、ベッセマー製鋼法の実用化に取りかかった。

ベッセマー製鋼法のイギリスからの導入と合わせ、賃金の抑制、機械化を通じて徹底的なコスト削減に努める一方、最新技術を積極的に導入するために、利益の多くを設備投資に向けた。ペンシルヴェニア州に炭田とコークス製造炉をもつH・C・フリック社の株を購入、生産過程の統合も試みた。

翌一八八一年、会社を改編してカーネギーブラザーズとした。翌年、ヘンリー・C・フリックのコークス製造会社を買収、それ以来フリックは、最も信頼できる片腕となった。

一八八九年、カーネギーは鉄鋼の製造法の研究をさらに続けるべくニューヨークに移った。この年、六カ月間、家族と一緒にスコットランドですごしてもいる。カーネギーは自分が不在の間は、フリックにカーネギーブラザーズのトップとして会社の日常業務を任せていた。フリックがいざ経営を始めてみると、ピッツバーグに点在する個々の製鉄所は、ばらばらな存在の集合体にすぎないことに気がついた。

そこで、これらのばらばらになった糸を束ねて、まともな組織に編み直した。これがのちに世界最大の製鉄会社にまで成長する。具体的には、経営の権限を中央に集中させ、生産活動を統合した。同社はカーネギー製鉄会社に発展し、その株式時価総額は二五〇〇万ドルにまで上昇する。

さらに鉄鋼石の生産も統合された。こうして得られた原料、燃料は、鉄道でピッツバーグの工場群に運ばれて加工され、大量生産による低価格化によって競争相手を駆逐していった。豊かな国内市場を背景にし、保護関税にも守られて一九世紀末までにアメリカの鉄鋼業は急速に発展した。こうしてカーネギーは鉄鋼業界に君臨するに至った。

人生の喜怒哀楽と労使協調

一八八六年はカーネギーにとって不幸で、悲しい年になった。カーネギーが腸チフスで生死の間をさまよい、床に伏せっている間に、母マーガレットと弟トマスが一一月に相次いで他界したのである。自分だけは奇跡的に回復した。病気から立ち直り、肉体が健康になるとともに、気持ちも前向きになり、将来に希望を見いだすようになった。

一八八七年四月二二日、彼はルーイ・ウィットフィールド嬢と結婚した。彼女は乗馬クラブの同じメンバーで、健康で理知的な理想にかなう女性だった。すでに二八歳になっていて、人生に対する見方はすでに固まっており、唯一、カーネギーの財産と将来の計画に対してためらいを見せていたが、ついにカーネギーの気持ちを受け入れたのである。

二人の間に、女の子が一人生まれ、母の名をとってマーガレットと名付けられる。一八九二年七月、カーネギーとスコットランドの高原の山荘に避暑に同行している。自伝を毎年書いている場所である。この年ホームステッド工場のストライキが起こった。

カーネギーはいたたまれないその時の心境を自伝に書いている。

「私の一生を通じて、後にも先にも、この事件ほど私を深く傷つけたものはなかった。私の実業界の経験のなかでも、このホームステッド工場の問題で受けた傷の痛みほど、後々までも残って痛手となったものはない。それはまったく不必要な出来事であった。工員たちは全面的に間違っていた。ストライキをやった工員たちは、新しい機械によって、新しい賃金率の下に一日四ドルから九ドルの収入があることになっていた。これは、古い機械のときに比して三〇％の増収入なのである。スコットランドにいた私は工員、組合の役員からつぎのような電報を受けとった。「親切な社長、貴下は私たちがどうするのを望むか、指示して下さい。私たちは、貴下のためにご意志に添うようにします」これは強く私の心を打った。しかし悲しいことに、もう手遅れであった。最悪の事態に突入してしまったのである。工場は知事の手に渡ってしまった。時期はもう失われていた」。

自伝には、ホームステッド工場のストライキを十分なスペースを使って記されている。労働組合が非合法であった時代であり、団体交渉への無理解とは裏腹に、カーネギーが自伝で強調するのは、上司や部下、あるいは労働者との信頼関係であり、勤労大衆への共感であった。資本と労働者と雇用主は三位一体であるとし、時代を超えて通用する企業経営の成功の秘訣や、会社内の人間関係についての教訓を、ずばり指摘している。

ホームステッド工場のストライキ

一八九二年七月一日にカーネギーがスコットランドへ里帰りしている間にストライキは起きた。会社の歴史に残る深刻な労働争議である。二六年間、会社と労働者と円満な関係を保てるように取り組み、労使問題にはカーネギーは自信を持っていた。

ところが、コストの削減と利益の急増をもくろんで、共同経営者のフリックは生産の増大を設備投資による機械化の成果として、出来高払いの賃金の引き下げと基本となる最低賃金の引き下げを要求したため、これに激怒した合同鉄鋼労働組合は、一八九二年六月三〇日、ホームステッド製鉄所の組合員にストライキの指令を出した。フリックは、交渉によって事態の収拾を図ろうとするどころか、反対に三〇〇人のスト破りの労働者を投入して、火に油をそそいでしまう。

ストライキ当日、スト破りの労働者とスト側の従業員との衝突が勃発し、地獄のような光景が広がった。双方互角の争いが一日中続けられ、結局一一人が死亡、六〇人が負傷して、ホームステッドには戒厳令が布かれ、アメリカの労働争議における最悪の結果をまねいてしまった。

その当時、スコットランドに滞在していたカーネギーは事態の対処を、組合に強硬な共同経営者・フリックに委ねたが、決してスト破りをしてはならないというカーネギーの指示は守られなかった。そのフリックの背信行為には激怒したが、最悪の結果になってしまった。五日後、州知事が八〇〇〇名の州兵を派遣し工場の閉鎖が解かれるという、労働争議史上に残る事件となった。

カーネギーがフリックを公然と非難することはなかったものの、二人の関係は決してもとに戻ることはなかった。

製鉄事業をモルガンに売却

カーネギーにとってホームステッド工場のストライキは、人生の転機となった。経営陣からフリックを除外することを決断したカーネギーは、一八八九年、時機を見計らって一五〇〇万ドルの高額でフリックの株式を買い取った。フリックは元のコークス製造会社に戻った。

一八九〇年代になると、産業界では企業合同が盛んになり、価格統制、市場割当などが行なわれるようになっていた。製鉄業界でも会社合併の話が進行し、一九〇一年、カーネギーはジョン・P・モルガンのモルガン商会に全関連事業の資産を約五億ドルで売却した。

なぜモルガンの「フィラデルフィア・スチール」との合併に応じ、株式売却に応じたか諸説ある。自伝では、すでにカーネギーは六五歳になろうとしていて、高齢を意識したのと、老後かねて構想をもっていた慈善事業へ集中するためと書いているが、実際はモルガンの鉄道会社からの発注キャンセルなど合併圧力に屈し、カーネギーの時価評価額を一・五倍にすることを条件に妥協したのが真相のようである。

これにより、製鉄会社は統合され、USスチール社が誕生した。こうして実業家・カーネギーは、引退したのである。

『富の福音』と慈善事業

カーネギーが凡人と異なるのは、知識欲が強かったのと、いったん得た富を社会に戻したことである。知識欲の点からいえば、三五歳で引退し、オックスフォード大学への留学を真剣に考えた時期があった。けっして気まぐれではなく、「知」に惹かれ、自分に唯一足りないものは知性だと意識していた。作家のマーク・トウェインとも交遊があった。そして、カーネギーにはいくつかの著作があるが、一八八九年、五四歳の時の『富の福音』は代表作である。この作品で富を社会へ戻すことを鮮明にした。

イギリスの哲学者チャールズ・スペンサー（一八二〇～一九〇三）の「社会進化論」の影響を受け、生存競争、適者生存という富の不平等な分配を正当化するものであった。この中でカーネギーは、社会の適者として富を集中的に獲得した富者は、生きている間に自分の判断に基づき、社会のためになるように、余剰財産を再配分しなくてはならないと主張した。そして富の分配に取りかかる。

個人的な蓄財に奔走するのをやめ、『富の福音』のなかに書いてある教えを広めることに専念するようになった。いわば、「富の蓄積」よりもはるかに難しく重大な任務である、「富の分配」に取りかかったわけである。つまり、フィランソロピーの実行である。

そのころ会社の収益は年間四〇〇〇万ドルに達し、将来にはそれ以上の増収が見込まれていた。鋼鉄はいまやもっとも重宝な金属となり、ほかの粗悪な金属は市場から駆逐された。鉄鋼業界には輝ける未来があった。しかし同時に、老齢となったカーネギーは課せられた任務を迅速に果たすことを希望した。

カーネギーはピッツバーグ市に図書館、博物館、工業学校（注・現在のカーネギー・メロン大学）、女学校等を寄贈した。多くの教会にオルガンが寄贈され、図書館が創設された。ピッツバーグ・カーネギー会館に続き、音楽関係者に演奏の場を提供しようという意図でニューヨークにカーネギー・ホールが建設された。

教育研究機関、平和機関にも資産が投じられた。第二の大きな寄付は、ワシントン市にカーネギー協会を創設するためのものであった。第三の会心の事業は、善行基金の創設である。第四はカーネギー教育振興財団への寄付である。

鉄道年金基金制度も、カーネギーがペンシルヴェニア鉄道会社の責任者をしていたとき、彼の下で働いていた鉄道員やその遺族たちの年金である。

カーネギーはホームステッド労働争議を終生忘れず、工場労働者のために、四〇〇〇万ドルの製鋼業工員年金を設置した。カーネギーがこの年金に対して特別な思いを抱いていることの証左である。このほか、鉄道恩給基金、鋼鉄業従業員年金などに多額の寄付をする。

一九〇二年にカーネギーは祖国スコットランドのセント・アンドリューズ大学の名誉総長になった。最初の教授会で創立以来五〇〇年にわたって歴代の名誉総長が坐した古椅子に腰かけた時、カーネギーは感激に打ち震えたという。

そして一九一九年、八三歳で死去した時の遺産は、意外に少ない二六〇〇万ドルになっていた。カーネギーは最後の事業もやり遂げたのである。

コラム④　フィランソロピー……………………

フィランソロピーという言葉が日本で常用されるようになったのは、一九九〇年代に入ってからである。フィランソロピーという考え方は、アメリカを中心に発展してきたが、フィランソロピーの語源は、ギリシャ語のフィラントローピアに由来、人間愛を意味し、ラテン語を経て英語となり、英語辞典では、博愛とか慈善、人類愛と訳されている。日本では、いくつかの訳語が出たが、一般的には「社会貢献」と訳されている。

しかしフィランソロピーの本来持っている人間愛と距離があることから、慈善事業という場合も多い。カーネギーは後半、慈善事業に打ち込んだが、まさに本業と同様精魂を傾けたものであった。アメリカの企業はコミュニティー（地域社会）の一員として、一人の市民と同様に地域の発展に努めるべきであるという考えを強く持っている。カーネギーはその典型的な人物である。

日本の海外進出企業の利益第一主義の経営に対する批判に対応し、一九八九年ごろから、経団連が中心となって、海外、特にアメリカへの進出企業がフィランソロピーを促進する活動を始めた。

国内でも企業には株主や取引先のみならず、そこに働く従業員、消費者、地域社会など多様な利害関係者（ステークホルダー）に対して責任を果たすことが、これまで以上に社会から求められるようになった。優良企業の証として、顧客に対していかに誠実に対応し、地域社会などへの貢献をめざす社会的責任という視点から企業の行動指針が示されるようになった。

五章　日米貿易の先駆者・新井領一郎

生糸輸出で日米貿易の先駆けとなる

明治初期の日本の貿易は、輸入は綿糸、織物、砂糖、各種生産機器などで、これに対する輸出は生糸、茶、水産加工品などで、生糸は輸出額の三〇％から四〇％を占めた。横浜開港以来、日本の主力輸出産業として生糸は貴重な存在であった。

しかし、居留地貿易という条件下で、その圧倒的部分を外国貿易商に掌握され、日本の売込商を通じての貿易であった。直貿易は国内の生糸産地をはじめ、宿願になっていた。

その本格的直輸出でアメリカへ渡り、市場を開拓し、日米貿易を軌道に乗せたのが新井領一郎（一八五五～一九三九）である。明治に入り、蚕糸、製糸、織物の絹産業は官民あげて、器械製糸による量産と品質に向けられた。明治三（一八七〇）年には前橋藩営製糸所、そして、明治五（一八七二）年には渋沢栄一らの努力で官営・富岡製糸場が開設された。

また、横浜で生糸売込み商の先駆者として活躍したのは、上州の中居屋重兵衛であった。いわば彼は開国の先駆者といってよいだろう。また上州生糸は横浜に集まる生糸の中でも品質は高く評価されていた。しかし、その生糸は外国商人にたたかれ薄利であった。そこで直輸出をして利益増を図ることが当然の成り行きであった。

そこで、製糸業と生糸貿易の将来性に着目した上州水沼村（現桐生市黒保根町）の有力な生糸商人で、民間で最初の器械製糸である水沼製糸所を設立した星野長太郎は、アメリカへの直輸出を図るため、実弟の新井領一郎をアメリカに派遣することにした。

領一郎が渡米するための旅費や生活費など当面の滞在費を考えると、大金が必要であり、当時の群馬県令・楫取素彦に支援を要請した。県令は、直輸出は利益増になるとともに、国にとっても必要なことであるとして、政府の援助を取り付けて積極的な支援を約束した。こうして、兄星野長太郎と力を合わせ、自らニューヨークに渡り市場開拓・販路を確保するなどして日本初の生糸直輸出を実現した。同時期に渡米した、佐藤百太郎、森村豊と共に日米貿易の先駆者となった。

回顧録に観る星野家の没落と再興

新井領一郎を知る資料として、「新井領一郎履歴書草稿（明治四〇（一九〇七）年三月）」「新井領一郎回顧録草稿（年不詳）」「新井領一郎略伝（明治一九（一八八六）年）などがある。履歴書草稿では、渡米を目的にした英語、簿記などの勉学から、渡米後生糸の売り込み、市場の分析とニーズ調査、日本生糸の品質改良への情報提供、信頼回復までの過程を述べ、ようやく日本生糸がアメリカ市場で五割のシェアを占めるまでの過程を要約して述べている。

さて、新井領一郎の実家、星野家に先ず触れてみよう。

領一郎は、安政二（一八五五）年、上野国勢多郡水沼村（後の黒保根村）（現群馬県桐生市黒保根町）に星野彌平（星野家第一〇代七郎右衛門）の六番目の息子として生まれる。幼名は良助といった。星野家は幕府直轄の天領の一八の村の年寄を務め、富農であり曾祖父耕平（星野家八代七郎右衛門朋存）は、文化一三（一八一六）年に苗字帯刀を許され、それ以降、代々引き継がれる。領一郎は慶応二（一八六六）年、一二歳の時、桐生の絹織物業者などに生糸を販売する問屋の新井系作の養子となる。

明治期に入り、長兄の星野長太郎が家督を継いだ頃、星野家の経済状態は極端に悪化していた。その最大の理由は幕末期における、幕府や旗本への「資金提供」といわゆる「不良債権」の莫大な累積にある。「約三千両を勘弁した」とか、貸付金約三〇〇〇両の三分の一の「約一千両を正味とみなした」等々の資料が示すように、星野家の貸付金の多くは回収が不能になったのである。その上、星野家が幕末の混乱で、一〇代目当主星野彌平の時代に、彰義隊の会津脱走を補助、加担したという嫌疑をかけられ、当主、長太郎・領一郎を含む一族三五名が逮捕され、田畑・屋敷・家財一切を官軍側に没収され、釈放条件として二〇〇〇両の献金要求をつきつけられている。この生々しい状況は新井領一郎回顧録草稿に書かれている。

兄星野長太郎は養蚕と製糸の二業をもって地域の振興と星野家の再建をはかることを決意したのは明治五（一八七二）年のことである。星野長太郎としては、単に傾きかけた星野家財政の再建のためにのみ、養蚕と製糸の二業に人生をかけたわけではない。水沼とその近隣村という地域の活性化と、それを通じての国の発展に寄与することだった。そのための蚕糸の品質改良、殖産興業をどうしても進めることが宿命であったのである。

この地域の産業を育成して国の発展に貢献したいという長太郎の地方名望家としての理念は、終生変わることなく長太郎を貫き、「家政の再建」と「地域の活性化」と「国の発展」との同時実現という夢と理念の実現を掲げたのである。長太郎は明治三（一八七〇）年、日本最初の器械製糸の開祖である前橋藩営製糸所へ入所し、速水堅曹から直接技術を習得し、明治五年（一八七二）年、民間初の洋式器械製糸場・水沼製糸所を開設するのである。

生糸貿易のため英語と商学を学ぶ

新井領一郎は兄星野長太郎とは一〇歳違いである。幼少時より兄長太郎の影響下で育った。星野家で生まれ育った家庭環境から見てみよう。

星野家では、一族の隆盛を期し、地域社会の指導者としての役割を果たすために、代々、金をおしまず子弟の教育に力を入れており、江戸遊学と林家家塾で儒学を、千葉道場で剣術を学ぶことが星野家子弟の常になっていたようである。兄長太郎が若い頃から農事改良等の「名望家」としての役割を果たそうと努めていたのも、この江戸遊学の際に得られた知見と情報にもとづくものであったと考えられる。

領一郎の場合には長太郎のような「江戸遊学」という教育をうけられなかったけれども、幼少の頃からまずは花輪宿医師、長谷川元寿が指導する寺子屋で、さらに、中山英三、五十川真之助という二人の士族の家庭教師から漢籍を学んでいる。

幼少期、領一郎が育ったという地域の特性・風習や星野家の家風、父母からの家訓、それに加うるに、寺子屋教育と家庭教師教育という具合で、当時としては最高の教育であった。

新井領一郎の西欧近代文明との出会いには、彼が生まれた環境、兄が蚕糸・製糸業に注力する過程で、蚕糸産業との関連を意識するようになることが影響している。領一郎の西欧近代文明の出会いのなんたるかを示す、貴重な資料がある。

「不肖領一郎ハ家兄長太郎ト共ニ概然蚕業改良ノコト実ニ国家ノ急務ナルヲ覚リ一身ヲ委ネテ他日国家ノ一資財トナサント欲シ決然郷国ヲ辞シテ明治六年度会県英語学校ニ入学シ後チ亦明治七年東京浅草化成社ニ転シ需後一年ナラズシテ同八年商法講習所ニ入学シ以テ他日斯業ノ為メ大ニ貢献セントセリ」。

（出典・『日米生糸貿易史料　第一巻／史料編一』）

ここで注目すべきことは領一郎が長太郎とともに名望家の責任感を共有し、それを自覚していることである。領一郎は蚕糸産業の改良が国家の急務であることを覚り、「一身ヲ委ネテ他日国家ノ一資財トナサント欲シ」で英語を学び商学を学んだのだと述べている。

それでは、なぜ新井領一郎は英語と商学を学ぼうとしたか、西欧近代文明との接触のため、円滑な対人関係、商取引ルールを学ぶことが、これからの生糸産業、輸出に必要不可欠と考えたためである。

領一郎の英学修業は明治四（一八七一）年以前、おそらく明治二（一八六九）年から明治三（一八七〇）年にかけての第一回東京遊学にさかのぼる。なぜならその年、星野家では東京へ英学修業に出かけた良助

(後の新井領一郎)に小遣い一七両を支出し、西洋書籍代として三両三分を支出しているからである。

明治六(一八七三)年領一郎は旧高崎藩が設立した英語塾で内村鑑三らと机をならべ英学を学び、その後、師の小泉篤をたより、翌年五月まで、度会県《わたらいけん》英語学校(現在の三重県の一部)でここでは尾崎行雄らと机を並べて学んでいる。ついで明治七(一八七四)年再度東京に遊学、浅草の化成社なる英学塾で修学を深めている。

銀座に設立された「商法講習所」というのは、一橋大学の前身であり、日本最初の商業学校である。一八七五(明治八)年、森有礼が中心になり銀座尾張町に創設した。当時のイギリス、アメリカの商業を範として、商学はもちろんのこと、経済学、法学、社会学など社会科学全般の総合を目指した高等教育機関となった。そして商法講習所の創設には、福澤諭吉と冨田鉄之助が深く関わり、二人の森への協力と支援があったわけである。設立当初はお雇い外国人教師ウィリアム・コグスウェル・ホイットニーにより、英語の教本を用いて、英語で授業が行われた。記録に残る最初の修業年限は一年半(一八カ月)で、入学後の六カ月間は英語の教育に充当されていた。修業年限はその後、二年(明治九年十月以降)、五年(明治一四年四月以降)と延長され、教育令のもとでの商業専門学校となった。

前述のような兄星野長太郎からの要請もあり、新井領一郎は開校二カ月目の十月に商法講習所に入学し、簿記を学び、ウェイランドの『経済学入門』を学んでいる。領一郎が生糸の直輸出の実践において、この時の英学と商学の修業が、実践的に役立ったことはいうまでもない。

渡米が転機、生糸の直輸出の開始

新井領一郎は星野家・新井家の夢を担って、兄長太郎の水沼製糸所でつくられた三ポンドの生糸の見本を大事に鞄に入れて、一八七六（明治九）年、生糸の市場開拓と日本からの直輸出を実現するため渡米した。明治九（一八七六）年三月、日本人で最初にアメリカに現地法人「日本・亜米利加両国組合会社」を設立した**佐藤百太郎**に引卒されての渡米である。

森村豊を含む五人の仲間は太平洋汽船会社のオーシャニック号で太平洋を渡ったことから、「オーシャニック・グループ」と呼ばれるようになる。「オーシャニック・グループ」の船旅は横浜からサンフランシスコまで三週間半、さらにそこからニューヨークまで汽車旅で一二日間かかった。

「オーシャニック・グループ」がニューヨークに着いたのは明治九（一八七六）年四月一〇日である。そして翌五月ニューヨークに着いて二週間後、領一郎はメルサ街にある生糸ブローカー、リチャードソンの店を、水沼器械生糸を持参して初めて訪問した。時に新井領一郎二〇歳であった。さらに同年暮れには佐藤百太郎とパートナーシップを組み、生糸の売上金の二・五％をコミッションとして支払うという契約にもとづいて、佐藤の持つフロント街の店の「米国日本用達社（サトー・アンド・カンパニー）」の一隅を借り、そこに机を置いて生糸の営業を開始した。同年、新井領一郎が、兄星野長太郎から輸出された群馬県水沼製糸所の生糸をニューヨークの生糸仲買商リチャードソン（B. Richardson & Sons）の直売に成功した。外国人居留地外商を経由せずに日本人が初めて生糸の直輸出を実現したのである。

明治一一（一八七八）年、生糸の輸入販売拠点の屋号を「佐藤・新井商会」と改めて新規開設した専売店で行うことになった。

佐藤百太郎（一八五三〜一九一〇）

下総国佐倉（現在の千葉県佐倉市）に順天堂二代目佐藤尚中の長男として生まれる。日本の日米貿易の先駆者である。明治八（一八七五）年に一時帰国して森村豊、新井領一郎などに渡米を勧める。翌年、ニューヨークで森村豊と共に「日の出商会」を設立して雑貨商を営み、森村豊の兄森村市左衛門が日本から陶器・提灯などを仕入れて送った。また新井領一郎とは生糸貿易に着手した。

何が生糸のアメリカ輸出成功の要因か

明治一〇（一八七七）年という年は、「生糸商人」としての地位、基礎を築いた年である。一月七日、領一郎は長太郎をはじめ、母国の生糸業界の多くの人びとに書状を書き送っている。領一郎は生糸の売込みを第一の使命にしているが、同時にアメリカの市場情報を提供することも重要な第二の使命であった。生糸直輸出は徐々に上昇し、好調に推移した。

新井領一郎渡米以前の、日本の生糸の輸出先は九九％がヨーロッパであったが、領一郎が本格的に直輸出を開始して以降、アメリカ向け輸出が急激に増加している。そして明治一八（一八八五）年には、遂にアメリカ向輸出が五八％に達し、ヨーロッパ向け輸出との比率を逆転した。この逆転は領一郎の実績に多くを依存している。一八八七年以降、次第に輸出全体も着実に伸び、一九〇七（明治四〇）年には一億円を突破した。その時のアメリカの比率は七〇％弱に達した。そして戦前の一九三五（昭和一〇）年に三億円近くと三倍に達した。

この成功の主たる要因としては、領一郎が渡米した当時、アメリカには生糸に対する巨大な需要があったことがあげられる。南北戦争以降のアメリカに、産業都市パターソンを中心として、絹織物産業が興隆しており、それが多大の生糸を必要としていた。

産業都市パターソンを中心としたアメリカにおける絹織物産業の興隆は南北戦争中に、増大する戦費を賄うという目的から、絹製品に対し六〇％の輸入関税をかけた。その結果アメリカの絹織物業者はフランス（特にリヨン）の絹織物業者と価格の上で競争できる状況下におかれた。幸運なことにイギリス本国から絹織物産業で働いていた熟練技術者や大量の労働者が移住してきた。彼らの労働力が貴重な戦力になり、発展の基礎が築かれるもとになった。そして一八七〇年代に入るとアメリカの絹織物産業は驚異的な発展をとげる。新井領一郎がアメリカ、ニューヨークの地を踏んだ頃には、高級婦人服はフランスの業者にゆずるとしても、リボンやハンカチーフといった小物製品についてはアメリカの絹織物業者が国内市場を制するようになった。

その上、アメリカの絹織物業者の労働者の賃金は高く、さらに輸入生糸には関税が課せられていなかったことから絹織物の原料は輸入に依存していた。

この二つの理由から、絹織物の原料である生糸はすべて国外からの輸入に依存するという体制が築かれていた。

このような背景から領一郎がパターソンのデクスター・フンバート社をはじめとする諸会社、マサチューセッツ州ウィリアムスパークのウィリアム・スキナー社、コネチカット州サウス・マンチェスターのチニー兄弟社等の得意先と商取引を始める頃は、それらの取引会社から生糸に対する巨大需要が存在し、領一郎がその需要要件にこたえられるかぎり、日本の兄長太郎から送られてくる生糸を売りきることが容易であった。むしろ生糸が不足する事態になっていった。

誠意と勤勉で取引先の信頼を得る

新井領一郎の生糸直輸出の成功が、ただ単にこのような市場環境に恵まれた幸運だけではなく、新井が当地の市場を知り尽くし、情報を適時日本に送って、取引先の要望に応えるという勤勉と倹約に、誠意をもってあたったことが、顧客の信頼を受けたわけである。

当時ニューヨークに出張したり、売込みをはかっていた日本の生糸輸出業者が、相次いで撤退していったことからもわかるように、新井の生糸商人としての手腕が競争に勝ったことを意味する。

領一郎のアメリカ生活を支えたのは、勤勉と倹約という事業家としての理念と感性であった。アメリカで商取引を始めたころ、スキナー社の社長から、日本からの生糸の荷のなかに混入していた、天保銭、釘、砂利などの異物が入っているのを見せられた。

領一郎はアメリカ業者が抱く日本人の商法と日本生糸に対する不信感を払拭することから始めねばならないと決意したのである。そのために、新井は自らの利益を犠牲にして、当初とり交わした契約どおりに商売を履行したため、商売相手のリチャードソンは、新井の契約遵守に感動し、信頼を増したという。この新井の商取引姿勢が正直な商人としての信用を勝ちとり、次第に日本の商社の独占的形態を作り出していったのである。

産業都市パターソンを中心とするアメリカのたくさんの絹織物会社・業者と新井領一郎は良好な関係を保ちえたのも、領一郎を支えた語学力に加え、正直と誠実・真面目さという、日本育ちの倫理観とその確実な行動、実践にあった。

アメリカの絹織物会社のニーズを読む

新井領一郎は取引先となった絹織物会社およびその工場を訪問しているうちに、彼らが真に求めているものは、水沼製糸所で造られるごとき、上質で高価な「器械製糸」では必ずしもなく、もっと安価なもので、品質・太さ・長さが均一で丈夫でありさえすればよい、そういう仕様のものがニーズであることを把握した。高賃金の労働者を雇わねばならぬアメリカの絹織物業者が最も嫌うのは繰り返し工程に高費用のかかる粗悪品であり、しかも、彼らの主要製品であるリボンやハンカチーフには高価な器械製糸は必ずしも望んでいないということである。新井が生糸商人としての鋭い感覚、知恵と見識で、彼らのニーズを把握したのである。

このことを領一郎は早速、日本の兄長太郎に報告し、次の発展の契機となる改良座繰製糸の生産を依頼した。アメリカ業者のニーズは、安価で品質・太さ・長さが均一で丈夫という生糸の情報を得た星野長太郎は、座繰製糸の改良にのり出す。近隣各村の座繰製糸者を組織して、亘瀬会舎（後の瓦瀬組）が明治一〇（一八七七）年七月に結成されることになる。それは、そこで生産された改良座繰製糸を、領一郎を通じて直輸出するための組織であった。こうして二人の協力作戦は見事に成功するのである。その成功が呼び水となって、明治一一（一八七八）年五月の「精糸原社」の結成につながるのである。

領一郎が渡米した当初は、アメリカの絹織物業者はその生糸需要のほとんどを「清国産生糸」で充たしていたが、新井が器械製糸に加えて改良座繰製糸をもって対抗した結果、遂に」一八八三（明治一六）年以来、清国産生糸を追い越した。

この逆転は日本とアメリカにいる兄弟の連携に多くを負っており、特に領一郎によるアメリカの市場調査での正確なニーズ把握がものをいった。彼の知恵と分析力、そして行動力のおかげである。

横浜同伸会社の盛衰

生糸の輸出について、当初は横浜居留地での売込商により、外国貿易商を通じて行われたことは前述したが、渡米した新井領一郎の意見を聞いて、十分吸収する間もなく、輸出する日本側で直貿易会社の設立が先行した。貿易商会と同伸会社である。貿易商会は資本金二〇万円の生糸直輸出専門会社であったが、後ろ盾だった大隈重信が一四年の政変で失脚したこともあり、明治二〇（一八八七）年ごろには休眠状態に陥った。

一方、速水堅曹らが本格的器械製糸の富岡製糸場などで量産された生糸を直輸出するため、明治一三（一八八〇）年、横浜同伸会社が設立された。

同伸会社は本社を横浜に置き、当面は支店をリヨンに設けるほか、アメリカは新井領一郎に、英国その他は順次販売を委託して直輸出を行う計画であった。当時すでに直輸出商社はいくつか存在したが、ほとんどはニューヨーク市場を対象としたものであった。同伸会社は未だ絹織物業の発達していない米国市場よりも、生糸の大消費地リヨン市場のあるフランスへ直輸出することを第一の目的としたのである。昭和一三（一九三六）年九月には発起会を開き、定款の審決と役員の決定を行った。社長には速水堅曹が、副社長には高木三郎が各々就任し、翌昭和一四（一九三七）年に営業を開始した。新井はニューヨークで同社の窓口を引き受け、佐藤とは袂を別ち、同社のニューヨーク総支配人（取締役ニューヨーク支店長）に就任した。

同伸会社設立の背景には群馬の星野長太郎、長野の長谷川範七ら地方生産者、地方荷主の直輸出に対する関心と情熱があげられる。そのため株主は群馬、長野をはじめ二二府県、二〇四名にわたっているが、群馬が四五％を占めている。

また、一八七七（明治一〇）年に直輸出に対して、「準備金」による政府の直輸出荷為替資金が横浜正金銀行を通じて貸下げられるようになったのも明るい材料だった。

同伸会社は直輸出が目的であったが、実際は専業ではなく、居留地貿易（横浜外国商社）も半分近くは行っていた。当時の直輸出の力量では全量輸出は不可能であり、居留地貿易に一定程度依存せざるを得なかった。このことは荷主にとっても金融上の問題から両者を併用することが必要であったのである。

したがって松方デフレ期を乗り切り、直輸出を継続しうる一定の生産力を保ちうる荷主は次第に減少し、一八九〇年代以降は資金力のある三井物産などにシェアを奪われ、存在基盤を失って先駆的役割を終えるのである。

アメリカでの新井領一郎は、あくまで需要者である織物会社のニーズに合致した生糸を質、量の確保と、生糸の品質の安定性、検査の徹底と改善を幾度となく要望したが受け入れられなかった。同伸会社はすでに力が衰え、対応できなかったのが残念である。

横浜生糸合名会社の設立

新井領一郎は明治二六（一八九三）年六月に一七年振りに帰国し、同伸会社に直接、辞意を伝えた。丁度その頃、横浜で原善三郎、茂木惣兵衛、森村市左衛門らの有力者が生糸直輸出会社設立を計画していた。同伸会社を辞した新井領一郎が参画することによって会社設立が早まり日本の有力な輸出窓口が実現することになった。

資本金五〇万円の横浜生糸合名会社が明治二六（一八九三）年一〇月、横浜本町四丁目、貿易商会の事務所・倉庫を譲り受け設立された。出資者の一人である伊勢室山製糸場主の伊藤小左衛門の四男・富治郎が業務担当者となり、旧貿易商会から移った山田松三郎も会社の要務に携わった。新井は一六万円を出資し、筆頭出資者になり、同社専務（後に会長）に就任した。新井は会社発足にあたって

「実ニ思ヒモヨラヌ大幸ニ而、此仕組ミナレバ最早正金銀行へ閉口スルノ必用もナク資金ノ不足ヲ見ル事ノ憂モナク、商売一万ニ勉強出来候事ニ相成候事」

と手放しで喜びを表している。

また、新会社では同伸会社での失敗を反省し、

「生糸試験器械一式ヲ具備シ精細検査ノ上海外市場ニ於テ売捌上尤モ適切ナル様仕訳致シ詳細ナル品評並ニ斤量原価等ヲ明記シタル売先手板（インボイス）ヲ製シ」

荷物に添えて、ニューヨーク等在外支店に送達するようにした。

ニューヨーク支店の「モリムラ・アライ・カンパニー」が組織替えを行って、日米生糸貿易体制は確立した。さらに、市中銀行の融資を受けることが可能になった。また手形割引も行えるようになるとともに、破産準備金の積立が潤沢になり、滞貨金の消却も可能になった。これにより、資金力は一段と強化された。

兄・星野長太郎との確執

明治一三（一八八〇）年一二月に開業した「上毛繭糸改良会社」は明治一一（一八七八）年五月結社の「精糸原舎」ならびに明治一三年三月結社の「上毛繭糸改良会」を母体として組織された「地方直輸出商社」であり、政府からの巨額の貸下金、および横浜正金銀行、東京第三三国立銀行からの資金提供を想定して創立にこぎつけられたものである。

星野長太郎を頭取とするこの「地方直輸出商社」は県内八七組合にもおよぶ器械製糸、改良座繰製糸の両組織を傘下に収めるものであり、ここに星野の「地方固有の産業を興し、地域社会を活性化しつつ、国家に

貢献するという夢」という理念の実現に近づいた。

当時の農商務省次官の**前田正名**が殖産興業のための意見『興業意見』(全三十巻)を発表したが、星野長太郎はその熱心な共鳴者の一人である。特に、地方重要輸出産業を優先的に振興するというその方策に共鳴した。次いで「資本の原始的蓄積」を十分に達することができなかった彼らは、その資金不足から前田らの「国家による強力な保護育成」という方策に共鳴したのである。

星野長太郎と弟・新井領一郎の相克が始まったのはその頃である。兄は個人主義発想を嫌い、領一郎が主張する個の自主・自立を求める考えには対応しなくなった。星野長太郎は、いわゆる「社中(同じ結社の仲間)」の団結を優先的に考える思想であった。これに対し、西洋資本主義を実践的に身につけ、実行している弟の新井領一郎は「個の自立」を志向する側であり、両者の相克が明確になった。日本とアメリカ、星野兄弟のおかれている文化の差である個人主義をめぐっての確執であった。アメリカという土壌で誠心誠意、努力して勝ち取った生糸商人としての実践が領一郎を人間的にも思想的にも大きく成長させていたのである。

星野長太郎はその後、「大日本農会」「日本貿易協会」「関東蚕糸業協会」という三団体の活動をつうじて前田との関係を深め、「日本蚕糸会」創立とともに、前田正名の片腕として、全国農業団運動の一方の主役・日本蚕糸会を率いていくことになる。

ちょうど星野長太郎の国政への関わりが深まり、一九〇四(明治三七)年第九回総選挙で国会議員に選出される頃から、彼と新井の関係はしだいに冷めたものとなった。長太郎としては、アメリカの富豪になった弟が、当初アメリカへ派遣した時から、自分のさまざまな事業に金銭的に援助を惜しまないものと決め込んでいた。新井としても、しばらくの間はたとえ、生糸貿易に関係ない資金でも、経済的協力を続けた。たとえば、長太郎のために水沼に豪華な家を建てたり、選挙資金を出したりした。

しかし、長太郎は新井の好意にお返しをする気はなく、頼む一方なので、新井としてはついにけじめをつける必要を感じた。両家の関係に亀裂が生じ、和解がなされぬまま、星野長太郎は明治四一（一九〇八）年に逝った。その後、二〇年間というもの、星野と新井の関係は冷えたまま音信不通が続いた。和解のきっかけは長太郎の息子の**星野元治**が叔父・新井領一郎との間に修復を試みたからである。一九三五（昭和一〇）年、新井が日本への最後の帰国の際、二人は会い、同じ業界人であることもあり、すぐに解けあった。以来、叔父、甥の関係もあり、両家の関係は正常に復している。星野元治は県議会議員で活躍すると共に絹業界にも貢献した。彼も絹産業と関わりのある家族と婚姻関係を結んだ。彼の妻は県一番の絹業者、高山社の町田菊治郎の娘であった。

前田正名（一八五〇～一九二一）
鹿児島県出身。慶応元（一八六五）年長崎へ藩費留学して「語学塾」に学ぶ。明治二（一八六九）年フランスに留学し、明治八年二等書記生としてフランス公使館勤務。帰国後、明治一一年仏国博覧会事務官長となる。明治一七年『興業意見』を著し、殖産興業に努める。明治二一年山梨県知事、明治二二年農商務省工務局長、明治二三年農商務省次官を歴任する。以後全国を行脚し、地方産業振興運動や実業団体の組織化を推進した。

星野元治（一八七三～一九五五）
星野長太郎の長男。明治学院卒業後、水沼製糸場の経営にあたり、器械製糸を開始した。その後座繰製糸の委託販売を行う水沼組を設立して甘楽社に加入し、社長に就任。産業組合中央会群馬支会副会長、群馬信用組合連合会専務理事など多くの公職に就いた。群馬県議会議員を五期務め、第五代群馬県議会議長を務める。

明暗を分けた二人の路線の違い

明治一四（一八八一）年の政変のあと大蔵卿に就任した松方正義は緊縮財政政策をとり、「財政再建・正貨獲得の効率の向上」という観点から、直輸出政策の変更と貿易面においても経費の節減を試みている。生糸業者のアメリカからの撤退・「生糸直輸出」の頓挫は、この政策変更の被害をまともに受けた。星野長太郎の「上毛繭糸改良会社」も直接打撃を受けた。同社にあっては横浜銀行からの融資額はすでに借り入れた二〇万円に限定され、新たな融資は期待できなくなり、しかも貸与を受けた長期資金の返済を迫られ、星野長太郎は借金返済に行き詰まり、同社は苦境に立たされることになる。同社が解散するのは同社を資金的に援助していた第三三国立銀行が破綻した明治二四（一八九一）年であった。

こうして地方名望家、星野長太郎の夢、「生糸直輸出」のもと、自主的な地方の固有産業を発達させ、もって国の発展に貢献したいという夢は実現しないままに終わってしまう。

国家財政に依存した前田正名や星野長太郎の自主的産業育成による地域づくり・資本主義化の方策は、松方の緊縮財政にあっという間に呑みこまれてしまった。

こうして明治中央政府は税金などで農民や地方産業から吸いあげた資金を、西洋技術移入した近代産業に育成に向けるという政策転換を行った。つまり紡績業や造船業といった西洋技術の導入産業といった産業振興の方向へ転換していったのである。

皮肉なことに、領一郎の長女・美代子が松方正義の長男・正熊に嫁ぎ、松方、新井両家は姻戚関係となったことである。そして同時に長太郎、領一郎の生糸貿易をめぐって明暗が分かれ、その要因が松方財政にあることであった。

新井領一郎の自主・自立への道

新井領一郎は国家の為とか義理人情の前に、自分の為を計ることが先決で、自分の為に金儲けすることが、国家の利益につらなるのではないかといっているのである。

ここには西欧的な近代資本主義では個人主義にもとづく利益の追求があってはじめて、公益につらなるという思想であり、アメリカン・ドリームを生んだアメリカの資本家経営者と同じ考え方である。

そして、新井領一郎は横浜生糸合名会社と連携の上で、明治二六（一八九三）年一〇月三日、ニューヨークに新井領一郎、**森村豊**、**村井保固**、リチャード・ブリースンの四人からなるモリムラ・アライ・カンパニーが設立されるのである。

こうして新井領一郎は福澤門下生らとパートナーを組み、この新しい出発のなかで、兄の郷土の社中組織、上毛繭糸改良会社から一線を画し、決定的に別れていくのである。

その後、領一郎は生糸の販売を中心に、「ブラシ会社」「金鉱への投資」「アメリカでの米の栽培」「アメリカからの原綿輸出」等の事業も手がけ、アメリカ社会に深く根を下ろしていく。明治二六（一八九三）年にはオールドグレニッチのリバーサイドに瀟洒な家を建て、そこで四六年間住むことになる。その間、領一郎はアメリカのビジネス界で確固とした地位を築き、明治三四（一九〇一）年にはアメリカ生糸業協会（Silk Association of America）の取締役（Board of Governors）に選任された。

新井はアメリカ最大の生糸輸入業者としての地位を固め、一九〇六（明治三九）年、日本からアメリカに輸入された生糸総量（七万二四一ベール）の内、約三八％の二万五四六六ベールを取扱った（一ベールは六〇kg相当）。

森村豊（一八五四～一八九九）

明治七（一八七四）年、慶應義塾を卒業。明治九年、福澤諭吉の協力と兄・森村市左衛門に勧められ、佐藤百太郎の「米国商法実習生」の一人としてニューヨークに渡る。一八七八（明治一一）年、ニューヨークの六番街で森村組の現地法人として森村ブラザーズを設立した。東京の森村組本店へフランス製のコーヒー茶碗のサンプルを送り、その結果、瀬戸の陶工川本桝吉が成功したため、アメリカで飛躍的に業績を伸ばした。

村井保固（一八五四～一九三六）

愛媛県出身。松山英学所をへて、慶應義塾に学ぶ。福澤諭吉の推薦で貿易商社森村組にはいり、ニューヨーク支店に勤務。明治三七年森村市左衛門、大倉孫兵衛らと日本陶器（現ノリタケ）を創業。ニューヨークに滞在し、陶磁器食器の製造と輸出につとめる。育英・社会事業にもつくした。

日米の友好促進に尽力

日露戦争後、満州における権益をめぐって、日米関係の葛藤が始まり、特に経済面での対立要因が顕在化してきた。渋沢栄一は在米の**高峰譲吉**と連携の上で、経済交流を中心とした民間外交に尽力することになる。当時は日米間の人的交流が乏しかったため、相互理解がなかなか進まなかった。英語の堪能な在ニューヨークの日本人の活動支援が欠かせなかった。そしてその中心になったのが、ニューヨーク財界に確固たる地歩を築いた「御三家」「三元老」と呼ばれた高峰譲吉、新井領一郎、村井保固の三人であった。

そして、日米親善を継続させるような永続的な友好団体として、明治三八（一九〇五）年の「ニッポンクラブ」、明治四〇（一九〇七）年の「ジャパンソサイアティー（日本協会）」が設立された。同協会がアメリカ人と日本人との友好関係と相互の理解を助長する組織であり、ジョン・H・フィンレイ・ニューヨーク大学総長が会長に、高峰が副会長となった。アメリカ経済界の有力者が数多く会員になり、政治・経済・文化などの多方面で、アメリカ人に日本を紹介するとともに人的交流の輪を広げる重要な役割を果たした。

そして、一九三九（昭和一四）年、領一郎は太平洋戦争の開戦を見ないでコネチカット州のリバーサイドの自宅で永眠した。領一郎の長男米男は一八八九（明治二二）年の生まれで、アメリカ東海岸で生まれた最初の日本人である。

また、新井領一郎の孫に、松方ハルがいる。ハルは祖父の期待に応え、後に駐日アメリカ大使夫人として両国の親善に努め、日米間の懸け橋となった。

松方ハルの父方の祖父は、明治の元勲・松方正義であり、その六男、松方正熊を父に、新井領一郎の長女、美代子を母に、次女として生まれた。この両親のもとに生まれたことが、この後の松方ハルの運命が、二つの国を祖国として生き抜くことを暗示していたと言っても過言ではない。

アメリカ育ちの母の方針で、正規の学校教育とは異なる教育を受け、長じてアメリカ、イリノイ州のプリンシピア大学を卒業した。しかしハルは在米中に日本人としてのアイデンティティに悩み、やはり自分が日本人であり、アメリカ人にはなれないということを意識するようになった。アメリカ社会に、まだ日本・日本人に対する理解がなかったということも理由の一つであった。一九二〇年代には、連邦レベルでも「排日移民法」が成立し、日米間の葛藤が高まった。

ハルは昭和一二（一九三七）年七月七日、兄弟と別れてひとり日本へ帰国した。二つの国の狭間で苦しい経験をすることになる。現在の元麻布の西町インターナショナルスクール（ハルの妹タネが創設）が松方正熊の家であった。

戦後、一九五〇（昭和二五）年、ハルはハルが週刊誌『サタデーイブニングポスト』の社員となり、ジャーナリストとして活躍し、エドウィン・ライシャワーと結婚し、米国国籍になる。昭和三六（一九六一）年、ライシャワーの駐日米国大使就任に伴い、再び来日した。

ライシャワーは大使離任後にハーバード大学教授になるが、昭和六二（一九八七）年皇太子ご夫妻（現天皇、皇后）がボストンのライシャワー宅に宿泊した。

最後はハルによって夫の遺骨を太平洋に撒くという、まさに二つの人生と言ってもよいような劇的な経験をしながら、日米両国の間を生き切った。

高峰譲吉（一八五四〜一九二二）
富山県出身の世界的な工学・薬学博士。現在の東京大学工学部の前身の一つである工部大学校卒業後、アメリカへ渡り、タカジアスターゼ・アドレナリンを開発、特許収入などで富豪になる。日本では三共製薬社長を兼ねた実業家であり、理化学研究所の設立者の一人である。日米親善特使を兼ねて民間外交に尽力した。

コラム⑤　個人主義とは

国家・社会の権威に対して、個人の人格と価値を重視し、個人の良心と自由による思想・行為が尊重される主義をいう。日本社会で、個人主義に対して誤解と錯覚がある。

個人主義社会というのは、個人が、バラバラに存在する社会を言うのではない。個人が社会の仕組みの中で自分の位置を与えられ、かつ保障されている社会をいう。その意味で、個人主義と利己主義は当然ながらその意味が異なる。一人一人の個人が自由に生きることの権利が保障されている代わりに、個々の人間が集合して成立する社会に対して個人としての自覚と責任を負うのである。一方、利己主義は、自分が益することだけを行為の基準として、他者のことや社会全体の利益を全く考慮することなしに、自己本位な生き方を推し進める主義である。

また、個人主義は、社会全体と社会を構成する個人との関係によって成り立っている社会である。全体の働きと個人の働きの調和によって、成り立っている。一方、国家・団体、社中を重視し、個人を犠牲にしても全体を重視する全体主義とは対峙する。

また、個人主義は、社会主義とも一線を画し、私的所有権を前提として成り立っている。なぜならば、それは、自己の経済的自立を保証する権利だからである。

六章　先進的産業の礎を創った金子直吉

『金子直吉伝』・鈴木商店に賭けた人生

明治の産業振興と事業推進に功があったのが、企業経営の舵取りを行い、規模拡大、興隆をはかった番頭経営者たちであった。江戸時代からの商家でその後財閥に発展した三井や住友でも番頭が重要な役割を演じていた。三井の三野村利左衛門と中上川彦次郎、住友の広瀬宰平と伊庭貞剛がそれにあたる。新興企業の鈴木商店を支えたのが金子直吉である。

もし、これら番頭の存在、人材がいなかったら、現在のこれら旧財閥グループはなかったといえるかもしれない。現に、優れた番頭人材を得続けることができなかった大阪の鴻池は相対的に地位を落としていったのである。

金子直吉
（ウィキペディアより）

金子直吉（一八六六〜一九四四）は丁稚奉公から身を起こし、第一次世界大戦期に台頭した総合商社・鈴木商店の「大番頭」として、神戸の新興商社の事業を、M&A（企業の合併・買収）を通じ猛烈な勢いで多角化させ、大正時代には三井、三菱を凌駕するほどの複合企業体（コンツェルン）に発展させ、財界のナポレオンともいわれた。しかし、第一次大戦の終戦処理に失敗し、栄光から没落を経験することになる。その没落に至るプロセスを観ることにより、変化への対応の難しさが解る。

それでは金子直吉とはどういう人物か、幼少時、学徒時代は別に述べるとして、『金子直吉伝』での鈴木商店入社後の内容を観てみよう。

・鈴木商店に雇わる、・樟脳の取引で大失敗、・台湾へ進出、・日本樟脳設立、・再製樟脳設立、・後藤新平伯との接近、・大里製糖工場設立、・大里製粉所設立、・台湾の製糖、・東洋製糖設立、・塩水糖の槙哲、・鈴木の薄荷《はっか》事業、・東亜煙草、・日本商業の創立と海外発展、・戦時海上保険補償令、・第一次大戦当時の活躍、・日米船鉄交換問題、・大隈内閣の米価引上策、・米騒動と焼打ち、・第一次欧州戦後の活躍、・神戸製鋼所、・露国より野砲弾の注文、・金子と依岡省輔、・帝国人造絹絲の創立、・大日本塩業設立、・国際汽船設立・クロード式窒素工業、・合同油脂、・豊年製油、・太陽曹達、・朝鮮製紙、・播磨・鳥羽造船所、・ツンドラ事業、・南洋の石油・煙草・鉄鉱、・鈴木満州部及び燃料問題、・日本冶金、・日沙商会と東洋ファイバーとボルネオ産業、・日本商業と日商、・鈴木商店・太陽産業の関係事業、・日沙商会と依岡省三、・桜麦酒と鈴木商店、・交通事業、・南朝鮮鉄道、・支那観、・鈴木商店と日本製粉、・苫難の金融状態、・台湾銀行から千六百万円の融資、・金子と岩崎が濱口内閣の倒閣運動の材料となる、・鈴木商店及び台湾銀行岩崎清七、・日本製粉新社長窪田駒吉、・悲風惨雨鈴木商店の破綻、・台銀―下阪・鈴木商店―金子、・鈴木と塩糖と台湾の五億円特融、・惨雨の後、・名医後藤新平の一服薬、・沈勇濱口の驚

き、・鈴木よね刀自の詩藻・逝去、弔詞、鈴木商店のために一生を捧ぐ
以上、内容の項目だけを挙げた。すべてではないが鈴木商店時代の関係した事業、会社などが網羅されている。いかに、金子直吉が新しい事業を興す天才であったかがわかる。必要とする産業分野と起業に関して独特の臭覚があった。

金子のリーダーシップで鈴木商店は、ダイナミックに多角化をすすめ、M&Aで複合企業になった。人造絹糸、化学、造船、鉄鋼、製塩、製粉、煙草、麦酒、ゴム、製油、製糖など数え上げたら切りがないほどで、加えて保険・海運・造船などの分野にも進出し、五〇余の企業を創設した。ロンドン・バルティック取引所（世界有数の船舶物資取引所）で日本企業として二番目のメンバーとなる。

貿易立国と総合商社化

明治の企業家、とくに貿易に従事した企業家に、金子直吉より前に、三井物産の創設者・益田孝（一八四八～一九三八）がいる。益田は幼少時から英語に親しみ、異国人に対して畏敬の念も、脅威も特に意識せずに育った。したがって、たった一六歳でヨーロッパに渡り、通弁（通訳）をして飯を食うことを決意した。そして井上馨などの協力を得て、先収会社を興し、そのおもな業務は、山口県をはじめ各地の米を買い付け、横浜の外国商館を通じてこれを海外に輸出することで、政府の輸出米をも取り扱った。

先収会社が総合商社・三井物産のモデルになったわけであるが、明治以降、総合商社が日本の産業振興、事業創生そして企業の成長、発展に寄与したのは間違いない。貿易立国としての道を歩みだした日本経済の

ひとつの象徴であった。

明治九（一八七六）年七月一日、三井物産がこうして誕生したのは、明治のナショナリズムが背景にあった。先収会社が継承したコミッション・エージェントの考え方は、益田が貿易商社で得た知識であり、易しくいえば、商取引における委任、代理業務を任す、または業務に対する手数料（口銭）を支払う。商社が生まれ、発展するきっかけになったのは、商取引機能にある。売り手と買い手を結びつける機能で、物流機能や金融機能もそのための大事な機能である。

総合商社は、扱う商材や地域に限りがないのが特徴である。金属資源、機械、自動車、船舶、航空機、軍需装備、小麦やトウモロコシなど制限がないのである。こういう総合商社の企業形態は、日本独自のものである。近代産業振興に貿易業務がわが国に欠かせないという発想で益田孝らが始めた経過がある。

金子はこのような総合商社機能を継承するが、それは、既存の秩序に順応するのではなく、新しい秩序を自らつくろうとするものであった。神戸（兵庫）をはじめとする開港場での貿易を独占していたのは外国人商人であった。彼らに独占されていた貿易を日本人の手にという志が、明治初期から半ばにかけての企業家の精神的な原動力となっていた。

明治初めの開港場の商館貿易とは、居留地の外国人商人を媒介にして行われる貿易であった。商館貿易で、外国人商人たちは国際貿易を独占し、大きな中間利益をあげていた。

外国人に対する裁判権のない日本の商人たちは、売上債権の回収に大きなリスクを負っていた。こうしたこともあって外国人商人は日本人商人から大きな利益を得ていた。それだけに、これを日本人の手に取り戻し、直接貿易に立ち上がったのが鈴木商店であった。

それは、単純な営利欲求ではなく、貿易を日本人の手にという、まさに明治のナショナリズムであった。開港場の日本人商人たちは商館貿易を通じて国際取引の知識、為替や相場についての感覚を身につけ、貿易へと進出していったのである。

番頭経営のスタート

金子直吉は一八六六（慶応二）年に土佐（高知県）吾川郡名野川村の商人の子として生まれた。明治維新の経済混乱で生家は衰え、直吉の幼少期六歳の時に、高知の長屋に移り住む。家が貧しかったため、直吉は一一歳になると紙屑を買い集める仕事をする。翌年には長尾という砂糖屋に丁稚奉公に出る。一年程で今度は乾物商、野中幸右衛門に雇われるが、再び砂糖店にもどる。そしてそれから傍士久万時次質店に奉公し、ここで商売の才能を磨いて、番頭にまで昇進する。質店の時、訴訟側で法廷に立ち、弁護士を向こうに廻して勝っている。この質店はその後砂糖商にもなったが、店の経営はすこぶる機転のきく直吉に任せられていた。法律にも詳しくなり、旧土佐藩の雰囲気に影響されて政治家を目指すが、結局は商人として大成することを望み、明治一九（一八八六）年、二一歳の時、明治初期に鈴木岩治郎が設立した神戸の鈴木商店に転職する。鈴木商店は明治七（一八七四）年、兵庫の弁天浜に川越藩の鈴木岩治郎が、当時番頭をしていた辰巳屋ののれんわけで独立した。

当時の鈴木商店はすでに神戸の八大貿易商の一つに数えられるほどの規模になっていた。

金子が入ってから八年後、主人の鈴木岩治郎が亡くなった。主人亡き後を継いだ夫人の鈴木よねは直吉に全幅の信頼を寄せ、彼と柳田富士松に経営をゆだねた。

主人の鈴木岩治郎が亡くなったとき、鈴木商店の主力商品は砂糖と樟脳であった。次席番頭の金子は樟脳を担当していた。鈴木商店において金子は単なる使用人ではなく、共同経営者あるいは経営者代理となったのである。一九〇二（明治三五）年に鈴木合名に改組されたとき、金子も社員（連帯責任を負う出資者）に加えられ、持ち分が与えられている。

ところが、新生、鈴木商店になっていきなり、金子は樟脳の相場で失敗し、シモン・エバース商会との間で短刀を懐に切腹覚悟の直談判をして、どうにか、少額の違約金を支払うことで解決した。このおりも、鈴木よねの態度は変わらず、金子への信頼は微動もしなかったという。

専売事業が転機、複合企業への道

金子直吉は専売事業を好んで力を入れた。砂糖、樟脳、薄荷《はっか》、煙草いずれも専売事業であり、金子自身、商売の妙味を味わったことは事実であるが、専売は独占に通じ、金子は常に創業者利潤を十分に獲得できる、だれも手をつけない事業にあえて挑み成功をおさめた。これらの製品は台湾を主産地とする製品であり、鈴木と台湾、さらには台湾総督府高官・後藤新平（のちに内相・外相）との関係強化をはかる上での戦略商品であった。

樟脳は薬品など当時のハイテク商品の原料で、鈴木商店が複合企業化する上でのポイントになった。一九〇〇年代に入ると総督府からの請負で神戸に樟脳の製造所ができた。これは台湾の樟脳産業振興のため、国の政策として協力したもので、樟脳（油）の販売から生産（再製）へと事業に発展していく。それがきっかけとなり、鈴木商店による製造業への進出は活発になり、明治三八（一九〇五）年には小林製鋼所を買収し、神戸製鋼所を設立した。

砂糖については明治三六（一九〇三）年に作った大里製糖所を大日本製糖に六五〇万円で売り、交換に北海道、九州、山陰、朝鮮への販売権を得た。

一方で金子は、貿易事業の強化に向けて日本商業を設立し（当初は外国商人との共同事業でスタート＝のちの日商、現在の双日につながる）、取扱品目の増大に対応する。同社の定款によると、取扱品は絹、綿糸、樟脳、魚油、銅、綿花・綿糸、反物、羊毛、人造絹糸、パルプ、洋紙、肥料、金属類、化学工業品、薬品、機械類などである。

金子直吉は鈴木商店の躍進のため、販売権の獲得だけでなく、製造から販売への一貫した商いが必要と考え、工業を基礎にした商業の展開、つまり総合商社化を事業哲学とするようになった。

そして鈴木商店が大きく発展するきっかけとなったのは、大正三（一九一四）年に勃発した第一次世界大戦である。日本に軍事景気をもたらした。戦争で国際商品が高騰しかけた際、金子がまだ二〇歳代だったロンドン支店の高畑誠一（のちの日商会長）に打電するなど早期・大量の買い付けを強く促した。戦争に伴う商品の不足を予測し商機を得るためだった。

これは金子の敏感さを物語るが、彼が凄かったのはそれだけではない。アメリカの「鉄材輸出禁止令」が出されると、大戦で軍需向け中心に日本の造船業に期待がかかったものの鉄材は不足で困った。そこで金子は船不足に悩むアメリカのモリス大使に直接会い、船と鉄の交換交渉をまとめ上げた。鈴木商店は播磨造船（のちのＩＨＩ）を買収していたし、神戸の川崎造船所（のちの川崎重工業）とも緊密な関係にあった。この交渉の成功によって鈴木の造船事業は大きな飛躍の契機をつかんだのである。この船鉄交換交渉において、政財界のベテランが失敗した対米交渉を巧みにまとめた金子の非凡な民間外交は高く評価される。

また、第一次世界大戦終戦直後、世界でもっとも注目されたのが空中窒素の固定法で、水と電気または石炭のみでアンモニアをつくり、それによって肥料と火薬を確保するのが目的であった。金子がロンドンにいた高畑誠一の先見を受け入れ、大正一一（一九二二）年にクロード式窒素工業を創立し、後にこの彦島工場は三井（現在の三井東庄）の手に渡ったが、日本化学工業界に先駆したパイオニア精神の意義は大きい。

米騒動と焼打ち事件

大正七（一九一八）年八月の米騒動と鈴木商店の焼打ち事件の背景については、触れておく必要がある。

第一次世界大戦は日本に軍需景気をもたらし、商工業は大繁忙を呈したが半面、豊作続きで米価が低落したため、農民の多くは極度の窮乏に追いやられた。大隈内閣はその米価対策に妙案はないものかと思案の末、金子直吉を呼び、意見を問うと、金子は即座に応じて米価つり上げは、取引所で買方を助けてやることと、それに過剰米を海外に輸出することであると明快にこたえた。当時、大蔵次官の浜口雄幸を通じて、鈴木商店に輸出を命じた。金子は国内米を買いあさり、イギリス、フランス、ロシア、さらにアメリカへと輸出し続けたが、大正六（一九一七）年にいたるまで米価は依然軟調であった。ところが、大正六（一九一七）年末から情勢が変わってきた。翌大正七（一九一八）年の米作収穫予想で供給不足が見込まれたことと、生糸高で経済が苦境を脱したために農民は米を出し惜しみしはじめた。金子直吉に率いられた鈴木商店はこのとき、すでに一転して外米の輸入に精を出していた。その取引数量が巨大であり、海外より買付輸入後の精米も手早く、金子独特の早業であった。

この一件は、金子は確かに投機の弊害もあったが、常に政府当局の命を奉じ、米価が安ければ輸出し、高くなれば輸入することで、政策に順応したまでであると自負している。

製造子会社の帝国人造絹糸を設立

大戦景気で鈴木は製造業への進出を加速させ、日本最大の総合商社にのしあがる（大正六（一九一七）年の年商は一五億円超、三井物産は約一一億円）。このころが鈴木商店の、そして金子の絶頂期であった。金子は人絹など輸入品については次第に国産化が図るため、大正九（一九二〇）年には帝国人造絹糸を設立した。この人造絹糸つまりレーヨンの研究・開発の成果については、いずれも優れた化学者であり、ともに帝人のトップとなった久村清太（一八八〇～一九五一）および秦逸三（一八八〇～一九四四）の合作といえるが、二人の少壮科学者を精神的に物質的にバック・アップし続けたのが金子直吉である。米沢・広島、岩国工場で花が咲き、大規模なレーヨン事業が開始された。

後に帝人の中興の祖となった**大屋晋三**は大正一四（一九二五）年、三二歳の年に鈴木商店から帝人に移った。過去を振り返って大屋は、「私は五〇年の社会人の生活中に全身全霊を投じて事業に集中したことが何度かあるが、その最初がこの岩国工場建設である」という。金子から「先端産業で有望事業だから岩国に一五〇〇万円投資したのだ」と激励され赴任した。

帝人は戦前、レーヨン先発として同業を圧倒し続けたが、戦後、新合成繊維ナイロンに遅れをとり、ライバルの東レにその地位をとってかわられた。大屋自身「ナイロンの差は長く尾を引き、いまだに東レとの差がうまらない」と口惜しさをかくそうともしない。

金子直吉が存分に発揮したパイオニア精神が帝人の伝統にあり、その素質のよい苗を移植して、大きな豊かな枝葉になった。大屋普三は金子を評して「その人の評価を決するものは、その成敗に非ずして、事業である」と継承者としての使命感を語っている。

大屋晋三（一八八四〜一九八〇）
群馬県出身。東京商大（一橋大学）卒業後、戦前の財閥のひとつである商社の鈴木商店に入社。同社で海外駐在などを経験したのち、帝国人絹（のちの帝人）に出向。その後帝人の社長に就任。二六年間同社の経営を行い、繊維業界のリーダー的企業に育てあげた。政治家としては参議院議員を九年間務め、吉田茂内閣の商工、大蔵、運輸大臣などを歴任した。

人材を育てる

金子直吉のすごいところは人を見る目があり、使い方を知っていたことである。しかも私心がなかったから、幹部の信頼も高かった。

鈴木商店の大企業化とともに、金子直吉は組織を分権構造にし、マネジメントの改革にも着手した。前項で述べた大屋晋三は金子から直接指導を受け、帝人へ転出しトップまで上りつめたが、金子の人づかいのうまさを次のように言っている。

「金子さんは、着想が奇抜であとからあとからアイデアが湧いてくる。それらが、だれもやったことのない事業を次ぎ次ぎ生み出すもとになるからすごい。記憶力は抜群、弁舌はさわやか、どんな初対面の人でも説得されてしまったものだ。けっして相手をたとえ部下でもしかることはしなかった。人の長所を生かして欠点を暴きたてることをしない。結局、人の使い方がうまかった。人の意見をよく聞き、その理解力たるや鋭く、決断力がまたみごとだった。若い者の考え方を大事にし、やる気になるわけである」。

金子直吉は自らと同じようなたたき上げの人材だけでなく、学卒の人材を重用し、彼らにかなりの権限を与えた。組織を分権構造にし、急速にグローバル化を進める中で、現場主義で権限を委譲した。当時の商社に求められた企業統治のスタイルでもあった。それを採用したことは、ある意味で金子の柔軟性の表れでもある。

鈴木商店の最初のエリート社員は金子の右腕となった西川文蔵である。彼は東京高商を卒業する直前の学園騒動で中退し、鈴木に入っている。それから長くロンドン支店長を務めた高畑誠一はじめ、神戸高商（現神戸大）からも多くの人材が入った。

金子直吉は、現場主導の分権的経営という日本的経営の一つのモデルを試みた企業家である。上司に対しても堂々と意見を述べてよいという考え方を持ち、たたき上げと学卒との間の自由闊達な論争的経営とも呼ぶべきスタイルであった。その典型が第一次世界大戦後の戦略などをめぐり独自の見解を積極的に主張して、金子と張り合う面があった高畑であった。分権的経営スタイルは、ともすれば現場の独断・独走を許し企業統治上の問題を生み出す可能性がある。そのリスクを防ぐ役割を果たしていたのが、内部での論争だったのである。

成長期の鈴木を含めた商社の論争的スタイルは、日本企業における現場主導の参画的経営の一つのルーツとみることができる。金子は鈴木商店の全盛期、大正六（一九一七）年に高畑ロンドン支店長宛てに次のように手紙を書いている。

「……今当店の為し居る計画は凡て満点の成績にて進みつつ在り、御互に商人として此の大乱の真中に生れ、而も世界的商業に関係せる仕事に従事し得るは無上の光栄とせざるを得ず。即ち此戦乱の変遷を利用し大儲けを為し三井三菱を圧倒する乎、然らざるも彼等と並んで天下を三分する乎、是鈴木商店全員の理想とする所也。小生共是が為め生命を五年や十年早くするも縮少するも吏に厭う所にあらず。要は成功如何に在りと考え日々奮戦罷在り恐らくは独乙皇帝カイゼルと雖も小生程働き居らざるべしと白任し居る所也。ロンドンの諸君是に協力を切望す。小生が須磨自宅に於て出勤前此書を認むるは、日本海々戦に於ける東郷大将が彼の「皇国の興廃此の一挙に在り」と信号したると同一の心持也」。

金子自身がカリスマ的自信を誇示し、ロンドン支店の一段の奮起を期待した手紙であるが、明治の成功した起業家に共通したトップの人心掌握、リーダーシップの姿を示している。

何しろ神戸の一商社・鈴木商店を一躍三井物産を上回る規模に発展させたのだから、並の才能ではなかったのは誰でも認めるところであり、同時に寝る間を惜しんで通常人の倍は働いたことを手紙は示している。あの日米船鉄交換問題なども、日本政府では手におえず、浅野総一郎翁が出ても不成功のところを、金子が出てはじめてアメリカ大使のモリスを説得し解決できたのだ。金子の面目躍如の活躍は、こうした努力があってのことである。

なぜ鈴木商店は破綻したか

鈴木商店は幹部社員による国際化にむけた論争が社内での意思決定に有効であり、一種の分権経営の一面があった。それは金子直吉のリーダーシップを支える形で第一次大戦期までの鈴木の発展を後押しした。しかし、それがやがて金子本人の独走により、衰えたことが、第一次世界大戦後、一九二〇年代に戦後恐慌などの打撃を増幅させ、結果として鈴木を、破綻へと追いやることになる。

大正七（一九一八）年には鈴木本店の焼き打ち（鈴木が買い占めで米の値段をつり上げているという事実無根のうわさが原因）という事件が起きた。金子はいずれ正しいことがわかってもらえると考え、黙したまま大戦後もひたすら事業拡大の路線を突き進む。

そのことは結局彼と社会との溝を広げる要因となるが、こうした独走色が濃くなったのは、金子の牽制役だった西川文蔵が大正九（一九二〇）年に急逝したことにもよる。ロンドン支店長だった高畑誠一らもその戦線の縮小を主張したが、もはや金子は聞き入れなかった。年齢と実力の差が大きすぎたのだろうが、鈴木の分権経営は明らかに限界にきていたといえる。

大正一二（一九二三）年、関東大震災の突発で鈴木は約五〇〇〇万円の損失を受けた。さらに大正一五（一九二六）年、日清と日本製粉との合併が不調となり、鈴木商店の金融に大きな打撃を与えた。その時は政治力を使って一六〇〇万円の日粉問題融資を取り付け、切り抜けたが、昭和二（一九二七）年に金融恐慌が発生、鈴木の主取引銀行だった台湾銀行が危機に陥り、鈴木商店は遂に破綻する。

原因はもちろん、鈴木商店側にもあった。金子主導による過剰な事業の拡大と負債の膨張に内部管理システムが追い付かなかった。特に投資回収期間の長い製造業の場合、厳しい利益管理が不可欠であり、欠損が長引けば資金繰りに影響するのは当然であった。

そして致命的だったのは、銀行部門を持たなかったことである。鈴木商店の破綻は多角化事業戦略としての総合商社化の失敗ではない。何といっても鈴木商店が「企業本位の財閥」であったため、固有の銀行部門を持っていなかったのは、三井、住友、三菱、安田などに比べ不況時には圧倒的に不利であった。後藤新平の仲介で、台湾銀行との結びつきを強め、頼りにしていたが、肝心の台湾銀行が関東大震災を契機に破綻し、結局、鈴木商店も資金繰りが悪化し、行き詰まったのである。

鈴木の倒産は金子の超多角化志向、つまり同業種での成長ではなく、異業種に積極進出したこと、買収だけではなく、投下資金の回収まで時間のかかる新事業設立などイノベーションに資金が固定化したことである。金融イノベーションが結果的に遅れたのが鈴木の破綻を早めることになった。

金子を独走にむかわせたものは、私利私欲ではなかった。国家に代わって鈴木が多くの事業を遂行する、という企業家としての信念からであった。社会的イノベーションと呼べるものであった。倒産後、当局から受けた金子個人の財産調査では、私財なしという結果であった。金子の気骨の一面は証明されることになるが、皮肉にもその「無私」が災いしたのである。私欲がなかった分、かえってリスクに鈍感になり独走に歯止めがかからなくなったのである。こうした歴史もたどりつつ金子の「遺産」である商社は日本商業（日商）に継承され、人絹はのちの帝人となって、鈴木の手を離れてのち、発展していくことになるのは皮肉である。

金子ワンマンと内部統治の欠陥

金子直吉のワンマン体質は実際に鈴木商店のマイナスイメージになったのは事実である。台湾銀行との取引で政治家の後藤新平と強いつながりを持っていたために、政商とみられることもあった。大正時代は米を買い占めているという流言で本店が焼き打ちに遭うという事件もあったことから、社会的配慮に欠ける商人と解されることもあった。さらに昭和の金融恐慌時に本体鈴木商店が破綻したことも、金子のマイナス評価につながっている。

金子直吉の鈴木商店が分権型ガバナンス（企業統治）に失敗したように、商社の統治は難しい。商機をつかむには、個人の機敏な判断が必要で、いちいち上司にお伺いを立てていたのでは機を逸してしまう。その半面、放任にすると大きなリスクを抱え込んでしまう。実際に、制度を導入する前の時期には、従業員の独断による取引の失敗で、大きな打撃を受けたこともあった。鈴木商店には、こうした内部ガバナンスのシステムが欠けていた。それどころか、リーダーである金子の事業情熱が先行していたわけで、分権の試みなどもこれに歯止めをかける社内外の力が機能しなかったのである。

事業というものは進むばかりが能でないことは、これまた金子の例が教えている。金子に率いられた鈴木商店は退くことを知らずに前進してきた。

鈴木商店が破綻した二年後の昭和四（一九二九）年、福澤桃介は『財界人物我観』で金子直吉の事業失敗の原因を、台湾銀行からの多額の借金をすべて鈴木商店の財産の信用と自分の弁舌の力をもってなし得たものとした盲信が第一であり、次いで、金子は政商として後藤新平や浜口雄幸と親交を深めていたが献金をしなかった。それが最後の情報不足の原因のようにみえてくる。結局、金子の私生活の端正さは財界人としてめずらしい存在だったが、自分が品行方正であるだけにかえって他人の細やかな情をくみとることができなかったのではないかと推測できる。

そして、鈴木商店の破綻の原因は、ひとことで言えば、過剰な投資である。過剰ゆえに失敗したのは、金子直吉だけではないし、急成長した企業にはよくみられる。鈴木商店と同じ神戸を起点として、かつて日本最大の小売複合企業にまでダイエーを育てた中内功の場合も、過剰規模拡大、借入金依存が結果的に災いした。

なぜこのような過剰が生み出されるのか。事業家が戦略上優位性を確保するために、トップ企業の優位性を信じた競争をしかけた結果、投資の過剰に陥るのだ。もう一つの問題は外からのガバナンス（企業統治）の難しさである。

アメリカの例では、社長のアイアコッカはフォード二世によってフォード社長を突然罷免されたが、鈴木商店の場合は、創業者側によるガバナンスは機能しなかった。鈴木商店の場合、その代表は鈴木よねであったが、一九〇一（明治三五）年に鈴木が合名会社化された時、彼女（出資額四八万円）のほかに、金子と柳田も社員（各一万円出資）として持ち分を認められた。よねに金子をコントロールするだけの力と知識はなく、辣腕の番頭経営者に所有権まで持たせたことが、統治を難しくしてしまい、牽制機能が及ばなくなったといえそうだ。三井、住友財閥は、番頭の貢献がいくら大きくても、本家の持ち分は与えなかった。

有力二十数社に受け継がれる

鈴木商店は破綻したが、事業に失敗したわけではない。日本経済発展に欠かせない基幹事業は継承されたのである。鈴木商店は倒産したが破産したわけではないのである。支払い停止後、鈴木は整理会社を通じて、旧鈴木商店の商業貿易部門は、日本商業に商社営業を移転し、これを日商株式会社に改組（昭和三（一九二八）年）して再建をはかり、結局六年後の昭和八（一九三三）年にそれまで債権者会議も開かず、破産宣告もうけずに、一切の債務を弁済して整理会社を解散したのであった。

これは、金子が倒産の整理にあたって、井上準之助のアドバイスを受け入れ、示談の方針を貫徹したことである。また債権者側も調査を進めていくうちに、鈴木側には何のごまかしもなく、私利私欲的な隠し金もなく、純粋に事業経営上の倒産であったことを確認したことによるものであった。このようにして、鈴木はまた海外取引先にも迷惑をかけることがなかったのである。巨大企業集団としては史上に例をみない解決の仕方だったが、金子自らが巨額の負債の整理交渉にあたったことに負うところ大である。

総合商社の日商（現・双日）の他、帝人、神戸製鋼、豊年製油、日本冶金、播磨造船など有力企業二十数社は、各々業績を上げて復活、不死鳥の如く甦り、再建された。

金子は昭和一二（一九三七）年、旧鈴木商店の整理を終える。金子はこの時、すでに七三歳になっていた。金子直吉はそれでもなお、主家旧鈴木商店の再興をもくろみ、太陽曹達（後に太陽産業、さらに太陽鉱工に名称変更）の取締役となり、再び総合商社への夢を追ったが、その途次、彼の寿命は尽き、七九歳でこの世を去った。なお、太陽鉱工は現在、本社が神戸にある鈴木直系企業で、モリブデン、バナジウムなどレアメタル製品を扱う優良会社である。

福澤桃介は金子直吉を、岩崎弥太郎より高く評価し、「わが財界におけるナポレオンに比すべき英雄」とまで評価した。

コラム⑥　船鉄交換条約

鈴木商店が大きく発展するきっかけとなったのは、一九一四（大正三）年に勃発した第一次世界大戦である。日本は「富国強兵」で一段と基幹産業に力を入れたが、製鉄業は立ち遅れており、造船用の鋼材はイギリスやドイツから輸入していた。第一次世界大戦が始まるとドイツからの供給が止まり、続いて一九一六（大正五）年にはイギリスも鋼材輸出を禁止するに至った。日本の造船各社はアメリカからの鋼材輸入に切り替えたが、アメリカも一九一七（大正六）年に参戦と共に鋼材輸出を禁止した。米国の「鉄材輸出禁止令」が出されると、大戦で軍需向け中心にアメリカは日本の造船業に期待をかけたが中断してしまった。そこで鈴木商店の金子直吉と川崎造船の松方幸次郎の絶妙なコンビがこの危機を打開するために行動を起こしたのである。

当時、アメリカへの鋼材発注額四〇万トンのうち、鈴木商店の扱い量は一一・六万トンで最も多かった。また、鈴木商店を通して鋼材を確保していた川崎造船所も造船計画が目算通りいかなくなった。

そこで、日本政府は、アメリカから鋼材を受け取る代わりに船舶を引き渡すという船鉄交換を申し入れたが、交渉は進展しなかった。大正六年、アメリカ大使ローランド・モリスが日本に赴任してから、財界、外務省、逓信省が大使と交渉を重ねたが不成功に終わった。大正七（一九一八）年三月、金子直吉は内務大臣後藤新平の紹介状を携え、アメリカ大使館にモリスを訪ねた。金子直吉は、川崎造船所社長松方幸次郎がロンドンから送ってきた電報をモリスに見せて交渉を進める。そして、船不足に悩む米国のモリス大使は本国政府との協議を確約し、遂に、船と鉄の交換交渉をまとめ上げた。

金子と松方の招待で神戸に来たモリス大使は、歓迎会で挨拶し、「金子直吉氏が幾多の困難を排して、ついにこの契約をまとめられたことに対して、予は称賛してやまないものである」と述べた。

この交渉によって鈴木の造船事業は大きな飛躍の契機をつかんだのである。一方、松方は需要増から鉄価格が高騰すると見込み、第一次世界大戦勃発の二年後の一九一六（大正五）年には世界の船舶需要は供給を大きく上まわり、船価は瞬く間に上昇した。川崎造船は一二隻のストックボートの売渡契約を締結し、高値で売却し、莫大な収益をあげた。会社は次々に新事業の再投資に向けたが、松方自身の収入も当時の経営者の常識を大幅に上回り、巨額の報酬を得たと想像できる。

それにしても、この船鉄交換交渉において、政財界のベテランが失敗した対米交渉を巧みにまとめた金子の非凡な民間外交は高く評価されてよいだろう。

七章　地元で実践した近江商人・藤井善助

『藤井善助伝』に観る才腕

藤井善助（一八七三～一九四三）は『藤井善助伝』を六〇歳の時、昭和七（一九三二）年の初夏に著した。冒頭で、藤井の半生の中で概要を述べている。九歳の時、京都店に父に連れられ、入店し、学業の傍ら家業の見習いに入り、父から見習い、書類整理、数字統計に熟達したのはこの丁稚奉公が基本にあったこと、これが後の藤井の経営の計数管理の基本になったのであろう。半生記の「日誌（日記）」を基礎資料にして、熊川千代喜が編集した。この江州人の伝記は一門の子弟、自分の率いる後進者のために書かれたと言っている。なお、六〇歳以降の後半が続編として昭和一四（一九三九）年に刊行された。

『藤井善助伝』の内容は二七の章だけを列挙すると以下の通りである。

一、家統、二、少年時代より日清戦役まで、三、実業界への乗出し、四、村長として、五、父君を喪ふ、六、第一次代議士時代、七、実業界活躍の素地、八、大正政変、九、第二次代議士時代、一〇、琵琶湖干拓事業計画、一一、第三次代議士時代、一二、犬養首相との関係、一三、実業家としての活躍時代、一四、功

藤井善助
（藤井斉成会有鄰館提供）

労者として召さる、一五、県政革新、一六、昭和以後の活動、一七、近江銀行の破綻始末、一八、免因保護の事業、一九、新聞社長として、二〇、教育方面の尽力、二一、藤井齊成会、二二、有鄰館、二三、月光亭、二四、靄々荘、二五、倉庫業、二六、土地経営、二七、信仰に入る

（続編）では次の二〇項目で書かれている。

江商と別る、共立保険社長を辞す、京電重役の古参、島津製作所、日本メリヤス、滋賀県農会長となる、琵琶湖ホテル、司法保護事業の功労、依然として各公職に、八幡町政紛争調停、鄭総理來遊支那行、寿像及頓寿碑、有鄰館の拡大、郷党のために講演会、敬神崇祖とその実行、会葬を欠かさず、交友の頌徳及伝記、媒酌数三十に近し、家庭の慶事悲事、光明主義の念仏生活

『藤井善助伝』の資料にもなった、これら広範な事業関係の経営資料、総ての事件に関する文書や書類が、悉く有鄰館の一室に纏められ、カード式に整理され、必須、重要と思われる個所には紅い紙を貼って、容易に要点を掴めるようになっていた。まさに藤井善助は近代的部門管理の経営手法を持ち、理財の才に長けた京滋実業界の重鎮であった。近江商人というとその多くが地方への行商を想定するが、藤井は地元に根を据えた近江商人であった。京都、滋賀の実業界を股にかけて紡績、倉庫に、鉄道に汽船に、金融等多方面に捗って独特の手腕を振って財を築いた大実業家であると共に、教育活動、地方文化の開発にも多大な貢献をした。

地域振興が転機、地元の近江商人

藤井善助は単なる近江商人ではない。近江、京都を拠点にし、繊維産業だけでなく、鉄道事業、生保事業、貿易業などで地域振興イノベーションを進めた実業家であった。近江商人は、江戸期から全国に商圏を広げ勢力を拡大したが、明治期になると地域ごとに自立が進み、組織を大規模化したのは、伊藤忠などわずかで、「乗合商い」（組合商い）で資本規模を大きくしたのは江商などを除くとそれほど多くない。

藤井善助は滋賀県神崎郡北五個荘村宮荘（現、東近江市）に生まれる。近江商人の流れをくむ実業家で、父・周次（三代目善助）の長男、幼名善三郎といった。前半の実業家時代は、保険事業に重点がおかれ、その保険資金の安定運用先として鉄道事業があった。共に長期資金の運用という点で適していた。

まさに藤井善助は近代的経営手法においては、近江商人を超え、新たな地域振興イノベーションをやり遂げた改革者である。理財の才に長けた京滋実業界の筆頭であった。

近江商人の進取の気性は、「乗合商い」「組合商い」「合資経営」といった商業経営を行った。複式簿記の独自の勘定帳簿なども複数の商家にみられる。これらの近代性、進取的伝統は「家訓」「家法」「家憲」というかたちで、先祖から継続した経営理念になっている。

さて、藤井善助は近江商人としてどのような教育を受けたのだろうか、まず、九歳の時、京都店に父に連れられ、入店し、学業の傍ら家業の見習いに入った。明治一九（一八八六）年に生祥小学校を卒業した善助は、新設の京都市立第一商業学校に入学した。卒業後、上海の日清貿易研究所（後の東亜同文書院）に留学し貿易商としての基礎素養を学ぶ。

上海では、藤井は日清貿易研究所の「教育の精神」と「教育の要旨」に共鳴し短期間ながら勉学に励んだ。学科の大要は、清語学・英語学・商業地理・支那商業史・簿記学・和漢文学・作文・商業算・経済学・法律学・習字・商務実習・柔術体操などである。藤井の熱中ぶりは恩師・荒尾半年への書簡や後年の犬養毅との緊密な関係の形成からも十分に知ることができる。

明治二五（一八九二）年、日清戦争勃発直前に帰国し、家業を父から継承を受け、書類整理、数字統計に熟達したのは、上海での勉学もあるが、加えて父からの近江商法を実践的に修得したことにある。これが後の藤井の経営の計数管理の基本になったのである。三一歳で家督を相続したが、実質的に事業家、経営者として乗り出すのは一九〇〇年代に入ってからである。

家督相続後の藤井善助は江商合資会社、大阪紡績、湖南鉄道、天満織物、近江倉庫、大津電車をはじめ、八〇余社の企業経営に関わり、新しいタイプの近江商人として名をなした。これだけ異なる数多くの事業分野に関与した中で、藤井はマルチ的な業務処理を可能にしたのは、理論と実践の両面から経営管理能力を身につけたからである。

「三方よし」近江商人とは

近江商人の精神については、正直、勤勉、倹約といった日常道徳心の高さがもちろん基本になっているが、「商いの基本を忘るべからず」の思いを象徴するものとして「天秤棒」の存在がある。また商取引で、当事者の売り手と買い手だけでなく、その取引が社会全体の幸福につながることが必要であるという意味での、売り手よし、買い手よし、世間よしという「三方よし」の理念は、近江商人の経営理念に由来する。商賈とは勤勉と倹約の結晶として得られた利が事業継続を可能にするため、再投資され、そして社会に還元されなければならないという理念である。

近江商人は「ノコギリ商い」といわれ、上方の完成品や特産品を地方商人に卸売り、持ち下り、帰路は地方の物産、原材料などを持ち上がるという、効率的商売を行った。

近江商人の進出地域は、西日本より東日本の方が圧倒的に多いのは、近江と比較した場合、気候風土の違い、交通や経済的格差の程度など自然的、社会経済的条件を勘案した結果であろう。しかし、西日本への進出がまったくないわけではない。西日本へ積極的に商圏を拡大したのは五箇荘（現・東近江市）出身者が有力である。川島宗兵衛家では、三代目が広島から九州一円に麻布・呉服を持下って産を成した。藤井善助の祖である千次郎周祐は、紀伊・伊勢・和泉・備後・周防を商圏として活動した。後に藤井善助が経営することになる相互生命保険合資会社（通称・岡山相互）は近江商人としての藤井の商圏と重なるのである。何といっても、西日本での活動を代表するものが、一七歳で西日本への麻布の持下り行商を開始した犬上郡八目村の初代伊藤忠兵衛である。

一方、地方への出店は支配人をおいて、乗り合い方式で多数出店方式にし、危険分散と資本の有効活用、人材抜擢という面からも合理的であった。複式簿記の経営管理を採用したため、大店の主人は、本店にいながら多数の出店の管理を可能にした。こうした大店の単独規模拡大、乗り合い方式を会社組織に改める近江商人たちが出現した。

『藤井善助伝』によると、明治二四（一八九一）年、藤井は八万円拠出し、会社組織に江州商人集合体である江商合資会社（資本金四〇万円）の設立に加わった。名実ともに体を成した近江商人の会社である。

いきなり『藤井善助伝』の第一章でも、特に「近江商人」を取り上げ、また『江商六十年史』でも「近江商人」について説明しているので、ここで補足しよう。

世界で商売上手な民族といえばユダヤ人の「ユダヤ商法」を指すが、日本と日本人を知ろうと思えば、江州と江州人を解剖するのが近道だという。江州に定住した帰化人が江州人に算数を教え、商法を仕込んだことが江州人の伝統的素質を醸成することになり、近江商人発祥の要因になった。近江商人は江戸時代にその黄金期を迎え、行商人として諸国を廻り、そして地域に定着していった。その足跡は、近畿、関東から北は蝦夷、南は鹿児島に及んだ。国内の各地に出店を開き、彼らの出店は江戸時代では関東に最も多く、近畿がこれにつぎ、各地に散在し活躍していたのであった。

近江商人の出身地は、八幡、日野、五箇荘、愛知川に最も多く、傑出した商人では、八幡商人で伴庄右衛門、松本七左衛門、森五郎兵衛（以上江戸）、西川甚五郎、西川利右衛門、伴伝兵衛（以上大阪）、梅村甚兵衛、西谷六郎兵衛（以上京都）などの多くの商人が江戸時代に、江戸、大阪、京都その他の各地に出店した。特に八幡商人の蝦夷への進出が目立った。日野商人は江州産の漆器、煙管、茶、薬を各県に行商し、その活動振りは八幡商人を凌駕することもあったといわれる。八幡および日野商人に続いて活躍したのが五箇荘および愛知川商人であって、五箇荘商人で、大阪で有名だったのが外村与左衛門（文化年間）、稲西屋庄兵衛（同上）、小泉重助（天保年間）、伊藤忠兵衛（明治五年）、市田弥三郎および阿部市郎兵衛（明治七年）、外村市郎兵衛（明治八年）などであった。これらの江州商人は伊勢商人、大阪商人、富山商人を圧倒して、この時代の日本の経済界を牛耳る勢いであった。

「乗合商い」と合資会社

近江商人の地方展開で、出店数を一店だけということはなく、複数設置し、十数店を開くことも珍しくなかった。そのような多店舗展開を可能にしたのは、「乗合商い」（組合商い）という共同出資の手法であった。もちろん、損益は出資額に応じて分担配分された。

江戸中期の近江商人で、日野の中井源左衛門の場合、仙台・伏見・後野の開店は、同郷や取引先との乗合店方式であった。

また、現在、秩父の矢尾百貨店のルーツ、矢尾喜兵衛は、創業そのものが本家との共同出資としての酒造店と万卸《よろず》・小売り商の開店であった。乗合店方式を拡大し、総計一六店の出店を持っていた。多数の出店を担当したのは、当主に抜擢されて送り込まれた支配人であった。この乗合商い方式による多数の出店の開設は、資本の有効活用、危険分散、人材抜擢という面から見ても経営の合理性があった。経営は支配人に委託し、主人は店員の任免など人事権を握るというかたちで、一種の所有と経営の分離を図ったのである。このような「乗合商い」は明治維新になると合資会社という形で継承される。

維新後、近代資本主義に変わる明治の激動期を迎えると、旧態依然たる封建商法に任せた大部分の江州商人は凋落し、没落するに至った。その反面、世界の情勢を認識し、近代資本主義経済に沿った経営方法に切り換えた近江商人は、見事時流に乗ったのである。

関西五綿は伊藤忠、丸紅、日綿実業、東洋綿花、江商である。江商もその一角を占めるが、明治三八（一九〇五）年に北川興平と藤井善助が無限責任業務執行社員となって近代的経営形態で発足した。江商合資の創立者であった北川与平、田附政次郎、阿部房次郎、藤井善助、野瀬七郎平の五名は、いずれも国際的感覚と教養を身につけ、進取の気性に燃え、先見と自信をもった江州人で、江州商人の最大の欠点とする嫉妬心・猜疑心・排他心・偏狭心を排除して、和衷協同の大乗的精神のもとで、近代的経営に踏み切った。これについて後年、藤井善助は次のように言っている。

「近江と名のついた結社的のものに大成したものはない。それは個人的利害の観念強く、おのれを守るに余りにも急激なるためである。これが江州人の最大の欠点であった。この間において江商のごときは、創立以来久しきにわたり、社礎にゆるぎなく、漸次業績を向上し、創業当時の資本をなん十倍するに至った。主脳陣はいずれも理屈の多い連中であったが、議論はしてもけんかはしないで、みな謙譲の精神で自制し合った結果、各自の長短相補い、社務を遂行したので、最も欠点の多い江州人系の仕事としては特に異彩を放った」（『阿部房次郎伝』）。

また、創立者の一人、田附政次郎は「綿花・綿糸布のような国際的商品の海外貿易を個人的に行うことの危険を考慮して江州の同志と会社を組織した」と言っている。

生命保険事業で長期資金調達

『滋賀県人物史』では藤井善助を「理財の才に長けた京滋実業界の重鎮」と評し、その事業の核になったのは、日本共立生命保険株式会社であったと書いてある。そして「京滋の実業界を股にかけて紡績倉庫に鉄道に汽船に金融等多方面に渉って独特の手腕を発揮し、財を築く一面、地方文化の開発にも相当貢献する所があった」と総括している。

さて、藤井の経済活動で中核となった生命保険事業について先に述べることにしよう。

すでに北川興平らと江商を明治三八（一九〇五）年に設立していたが、規模拡大に安定資金の調達は不可欠であった。明治四一（一九〇八）年ごろから生命保険業界の資金運用に関心をもった。同年には衆議院議員になり、明治四五年には保険業法改正の委員にもなり、生命保険に異常に関心をもった証左である。

さて、日本共立生命保険は明治二七（一八九四）年四月、出資金二万円で岡山に設立された相互生命保険合資会社（通称・岡山相互）が前身であった。設立当初には死亡・生存両保険を扱い、相当の成績をあげていたが、日本共立生命へ改称された明治四四（一九一一）年六月に阪神、中京の財界に重きをなしていた下村合名の社長、下村忠三郎の経営に移り、経営も代理店中心主義をとって拡大を図ったが、経営不振に陥った。

そこで、明治四五（一九一二）年には藤井善助が経営権を掌握するとともに、本社を京都市に移した。その後は中堅生保として戦時期まで近江商人資本で存続した。

日本共立生命の後身、『朝日生命百年史』には、共立『第一回事業報告書』等に準拠して、「明治四五年初めごろ、藤井善助、薗川太兵衛、外村宇兵衛、松村甚右衛門、瀬尾喜次郎らが、生命保険会社設立の協議を行なっていたところ、同社より経営引受けの申し出があったので、これを引き受けることとなり……」とある。『藤井善助伝』では「大正元年、日本共立生命保険合資会社々長となり、嵯峨別邸に有力者数百名を招待した」と記されている。前記の諸氏が織物業者であることから、藤井が中心になった近江商人が経営の実権を握ったのは明らかである。

大正二（一九一三）年の臨時総会で、資本金一〇〇万円の株式会社に組織変更し、藤井、外村ら合資会社の出資社員が増資分も引き受けた。同年九月二一日をもって日本共立生命は株式会社になった。そして、拠点も名古屋市、久留米市、福井市を増やし、また、新種保険、特別利益配当月養老保険と同終身保険を発売し、大正三（一九一四）年六月期には、前期を大幅に上回る新契約高をあげることができた。そして翌四年から利益も計上、大正七（一九一八）年以降は株主配当を実施した。

このように、藤井善助が生保事業に本格的に進出し、大正三（一九一四）年三月時点までに、関係した金融機関としては共立生命、近江銀行、近江商業銀行のほかに京都農商銀行（明治三六年取締役就任）、京都貿易銀行（三八年取締役就任）、大同生命（明治四一年相談役就任）、富士生命（明治四二年相談役就任）、日清生命（明治四二年商議員就任）などがある。明治四一年から翌年にかけ一年間に大同、富士、日清三生保に相次いで関係を持ったのは、藤井善助がこの時期、共立生命を手中にする直前で、生保に関心を強め、積極的にノウハウの吸収を目的に関わったことは容易に想像できる。

それでは藤井はいかなる動機から生保支配を計画したのだろうか。大きくは二つある。一つは資金の運用先として、京滋経済界への積極投資であり、もう一つは政治的野心である。藤井善助にとって、政治家であると同時に生保経営者でもあることが、有利であると考えたのは間違いないだろう。保険業関係の議員候補者として、片岡直温（日本生命）、太田清蔵（第一徴兵、東邦生命）、根津嘉一郎（富国徴兵）ら十数名が列挙されるが、藤井も共立を買収して資金源を確保し、地元の鉄道会社等を経営し、これらの基盤を背景に代議士となる道を切り開いたわけである。藤井は現に代議士当選後の明治四五（一九一二）年八月に、国会で保険業法の委員会で政府に細かく質問し、一躍注目を浴びている。

藤井が買収後の共立生命は近江商人の全国的ネット・ワークをフルに活用して、株主募集、代理店募集等を成功させた。また繊維関係、特に京都西陣などの織物関係の流通に携わる滋賀県出身者が多かったため、繊維関係の同業者のネット・ワークとも重複していた。

つまり織物業者による「業種型生保」ないし「機関生保」とでも称すべき同業者共済組織としての性格も濃厚にもっていたといえる。

また、近江商人の末裔を自負する藤井は、共立の経営においても、地方還元融資を強調している。地元資本を地元に再投資し、運用することによって「三方よし」の実現に努めた。昭和三（一九二八）年九月現在で、社債では琵琶湖鉄道汽船、株式では八幡銀行、京都電灯、奥村電機、京阪電気鉄道、新京阪鉄道、琵琶湖鉄道汽船、都ホテル、京都会館など京滋地区に関係深い銘柄が多数含まれている。藤井が京滋の鉄道、電気事業面で多くの企業再建等に関与したため、当然ながら共立も関わらざるを得ない投融資案件も少なくなかった。

一緒に江商を創った北川興平の北川同族や同じ五箇荘出身で親友の**外村宇兵衛**らも大株主であり、特に外村は藤井の不在時には社長業務を代行した。

外村宇兵衛（一八七五～一九三八）
四代目・外村宇兵衛元亨という。慶應義塾に学び、明治四二（一九〇九）年に株式会社・外村商店に組織変更して社長に就任。東京・横浜・京都・福井などに支店を有し、生糸や呉服など織物関係で財を成し、全国長者番付に名を連ねる。近江を代表する豪商として地位を築いた。有能な従業員には支配人として支店を任せるシステムを採った。

滋賀県の近代史に残る鉄道資本家

明治一三（一八八〇）年ごろから政府の殖産興業政策が、官営事業中心から民間支援方式に転換したのを機に、民間資本による鉄道建設の機運が高まり、最初に設立されたのが明治一四（一八八一）年一一月の日本鉄道会社（開業は明治一六年上野・熊谷間）であった。滋賀県では大分遅れて明治四四（一九一一）年設立の湖南鉄道が最初である（近江八幡から八日市まで大正二年一二月開通）。

藤井善助は前述したように、保険事業を経済活動の核に据えたが、同時に滋賀県の近代史では専ら琵琶湖鉄道汽船統合のプロモーターとして登場する「鉄道資本家」でもあり、明治・大正期に活躍した典型的な「近江商人」であった。

藤井善助は一般に言われる行商型ではなく、地元企業に利益還元して、鉄道などの公益性の高いインフラ事業を育成した。大正二（一九一三）年の共立社長就任の翌年に湖南鉄道社長に就任、さらにその翌年の大正三（一九一四）年に大津電車軌道社長に就任する。本業・家業たるべき繊維・織物関係の社長就任が多いのは当然であるが、それに次いで鉄道関係の社長就任が多く、それが時期的に共立買収の直後に集中している。藤井は共立の買収直後からその資金を自己の関係する事業に積極的に投資している。保険資金の安定的な運用先として鉄道会社に着目し、投融資を背景にして次第に鉄道等への経営に参画する手法であった。

湖南鉄道にしても大津電車軌道にしても、藤井自身が自ら創業したものではなく、他の起業家の創業した企業を再建という形であり、関係企業に対して生保が投融資の安全性を重視し、比較的慎重に、債権者としての立場を逸脱しないのが原則であった。

しかし、大正七（一九一八）年末、藤井にとって甚だ不本意な滋賀県会での決議以降、特にライバル・江若鉄道（近江から若狭までの鉄道）と相次いで競合することになる。藤井の今までの慎重な経営方針はかなり変更を余儀なくされる。藤井は大正九（一九二〇）年以降拡大しすぎた関係事業を縮小、県外の関係事業より手を引き、同時に政界引退まで決意した。すなわち鉄道事業に重点を置き、大津電車の起死回生策として琵琶鉄の統合を仕組み、比叡山鉄道を積極的に系列化し、坂本線延長を完成させるなどに全力を傾注した。藤井の後半生のエネルギーの相当部分を傾注した。

そのため、保険資本家としては投融資リスクの判断が甘くなり、体力以上の過大な大口投資に陥っていったと考えられる。流通性の乏しい湖南鉄道株式は一株も保有していなかったが、藤井は共立を通じて新設の八日市鉄道の筆頭株主になった。

藤井は湖南鉄道にあっては郷里の鉄道の開通のために協力するとの立場からの関与であり、大津電車軌道にしても経済的な基盤である京滋地区の地域開発、産業振興への支援といった目的からの社会的投資と考えていた。

このため藤井の投資スタンスはあくまで資金繰り、資金不足、財政難に苦しむ創業期の私鉄の再建過程に関与して、徐々に経営状態を改善して不良債権の回収、株価の回復、配当の再開等を長期的に実現する資金の長期運用をあくまで考えていた。

藤井が主として資金源として利用できた金融機関が商業銀行ではなく、生保という息の長い長期資金投資であったことが、それを可能にしたわけである。金融機関と同じ資本系列のある、同じ鉄道事業家として、関西では、松本重太郎の百三十銀行と阪鶴鉄道、岩下清周の北浜銀行と大阪電気軌道（現在の近畿日本鉄道）、熊沢一衛の四日市銀行と伊勢電気鉄道等がある。機関銀行の立場からと鉄道事業の公共性、インフラ投資というリスクとの調整が難しい面がある。

藤井も地元滋賀県・京都府の社会資本整備にあえてリスクを冒してまで巨額の資金を投じ、そのために幾度か鉄道会社は金融的危機に陥った。

一般市中銀行であれば、湖南鉄道、大津電車軌道の資金繰り悪化に対し、債権保全が中心となり、増資など考えられないところであるが、藤井に対しては共立生命が別会社投資、大口融資に応じたのは驚くべき決断であった。鉄道資本家・藤井善助が勝ったわけである。

京都岡崎の開発と土地経営

藤井善助は鉄道・電力・繊維関係以外にも、自らの資金、あるいは共立生命の資金を利用して土地、不動産、倉庫へ投資した。藤井が役員になっている共立の投融資先である鉄道会社と倉庫業も関連するし、土地経営も無関係ではない。

藤井はまず、明治三四（一九〇一）年に初めて京都倉庫監査役に就任したのを筆頭に、友人の藤沢弥三郎らとともに設立した京津土地、近江倉庫土地などの役職に就いた。藤井と親交あった田附政次郎とも協調し、東成土地株式会社の取締役になっている。その他、大正七年豊国土地、八年城北土地，九年大阪住宅経営にも関与した。

大正一四（一九二五）年には、藤井は京都電灯社長の大沢善助を介して，岡崎円勝寺町（平安神宮道慶流橋南）に所在する奥村電機商会経営の「京都パラダイス」の敷地・建造物一切を五七万円で買収し、東山一帯を借景とする景勝の地を分割・分譲し、優良住宅地として美観を呈せる新市街地を形成した。この「京都パラダイス」は大正九（一九二〇）年の奥村電機商会の岡崎工場跡に開設された電機メーカー直営の遊園地であった。人気を集めた飛行塔が高くそびえている。京都パラダイスは男女混合のお伽歌劇を演ずる専属歌劇団をも擁し、大正一〇（一九二一）年ころオリエント・レコードからレコードも販売した。

しかし、土地開発デベロッパーにしてみれば宅地として分譲するほうが、確実に利益を得る事業であることから、藤井の日本共立生命は、まず大正一四（一九二五）年、従来の烏丸通六角の本社建物が狭くなったため、京都パラダイス跡に本社を移転した。

共立生命は昭和三（一九二六）年、奥村電機商会の株式を保有し、京都パラダイス敷地建物等を担保に直接融資していた。奥村の業績不振にともなって、実質的に代物弁済・担保権実行等により奥村への不良債権を岡崎の地所所有権に切換えたわけである。遊休化工場の遊園地転換の初期段階から藤井・共立側が関わり、閑静な住宅地である周辺から「風致を害する」との批判もあり、観光事業から不動産分譲への再転換まで主導した。現在、琵琶湖疏水河畔にある藤井斉成会有鄰館の敷地もその一部である。

合資の「江商」が成長

藤井善助は上海で貿易商としての素養を身につけ、帰国後、家業の織物絹糸販売に従事するが、繊維産業では日本絹織、東洋紡の社長、重役を務め、日露戦争が終わった明治三八（一九〇五）年、前述したように藤井は、資本金四〇万円の江商合資会社を創設し、北川興平と共同で無限責任業務執行社員となり、藤井は八万円を拠出した。藤井が三三歳の時で、昔ながらの近江商人から貿易を中心にした新興近江商人へと脱皮したのである。

藤井は明治四一（一九〇八）年、衆議院選挙に、国民党から立候補し、三回当選し、犬養毅の側近として活躍した。そのため江商は北川興平に実務を任せた。

その後、江商株式会社は順調に成長し、大正六（一九一七）年には合資会社から資本金二五〇万円の江商株式会社になり、綿花、綿布の取扱高中心に業績順調で、配当も八割、一〇割という高率配当を維持した。資本金も続けて増資し、大正九（一九二〇）年五月には二五〇〇万円になった。

そして、藤井は江商の役員を昭和一一（一九三六）年五月、退任した。退職慰労金は七万円であった。合資会社時代から在職三三年、兼職と併営事業も多かったが、江商への思い入れは大きかった。それだけ藤井は近代経営の「江商」の成長が楽しみだったのである。

さらに藤井が直接経営にタッチしたのが日本絹織株式会社である。同社のもともとは藤井の近江興業と上州桐生の三一商会ならびに加賀大聖寺の加賀織物会社が合併してできたもので、藤井善助は大正一〇（一九二一）年から同社の社長を務めた。当時、絹製品の販路が膨張し、対外輸出貿易品の中でも重要な位置を占めるに至り、生産設備の増設に迫られたためであった。その後も静岡島田の東海絹織、東洋紡織の伏見向島工場などを買収し、七工場で、資本金一〇〇〇万円まで経営規模を拡大し、本社は大阪中ノ島のゴーショービルにおいた。

このように、藤井善助が実業家としても、政治家としても華々しい活動を続けたのは、大正から昭和初期であるが、近江商人発祥地である、神崎郡五箇荘村出身という一般近江商人の枠を超えた人物であった。江商、日本絹織などの事業経営で得た巨額の収益が藤井の美術品蒐集の財源になったわけである。また、藤井は京都電燈や島津製作所など地元企業への支援、地元出身の青年の面倒をみるなど、近江、京都の地域社会への社会貢献は終生忘れなかった。

コラム⑦ 藤井斉成会有鄰館の魅力

京都・東山連峰に近く、清らかな琵琶湖疏水が流れる左京区岡崎に、屋上に中国風の大塔を乗せ、独特の雰囲気を漂わせる藤井斉成会有鄰館（略称・藤井有鄰館）が藤井善助によって大正一五（一九二六）年に創設された。日本の民間美術館の中で最も古い美術館で、殷代より清代に至る約四〇〇〇年間に生み出された芸術性の高い中国文化の結晶である、青銅器、仏像彫刻、陶磁器、磚石、印璽、書蹟、絵画など古代中国文化の秘宝、一級品が数千点所蔵され、一般公開されている。

京都大学教授、武田五一の設計による鉄筋コンクリートの三階建てで、大正一四（一九二五）年六月に着工し、翌大正一五年一〇月に竣工した。一階に石造物や仏像、墓誌、文字を記した石経、二階に青銅器や印章、玉器類、三階に陶磁器、玉器、古文書、絵画などが展示されている。

有鄰館「八角堂」
（藤井斉成会有鄰館　提供）

この美術館で一際めだつのが屋上の高さ約五ｍの「八角堂」である。この八角堂は、中国の北京の故宮＝紫禁城の一角にあった建物なのである。一九二四（大正一三）年、当時の北京で道路拡張工事が行われ、紫禁城の西北が一部分削られることになり、取り壊されることになった塔を、藤井善助が有鄰館のシンボルとして相応しいと考え、そのまま移築したものである。藤井善助が中国の美術・文化を愛し、貴重なこの建物を惜しんで移転を引き受けたのである。

最も大きな展示品は、山西省の天龍山石窟第八窟にあった二体の金剛力士像（高さ約二・三ｍ、重要文化財）。隋代の五八四年に作られ、首を横に向け、金剛杵を握る姿は力強く、迫力がある像である。

青銅器では、秦の始皇帝が度量衡を統一するために全国に配った重さの原器「銅権」や、河南省の殷墟から出土した皇帝のための酒器など、極めて貴重な遺物を多数所蔵。戦闘のときに打ち鳴らした直径約一・四mの青銅製の太鼓「銅鼓」もある。さらに、三大石窟の一つ、雲崗石窟第一九窟にあった菩薩頭部（仏頭、北魏時代）、文字を統一するために「周易」など七経を記した「熹平石経」（後漢時代の一七五年）、唐三彩でできた三彩馬のほか、比較的新しいものでは清代の乾隆帝の御璽（皇帝印）などもあり、まさに中国文化の神髄を見ることができる（藤井善三郎『祖先文化へのまなざし』参照）。

八章　日産コンツェルンを創った鮎川義介

自伝に観る前人未踏の事業

日本の資本主義経済発達の上で、前人未踏の事業再生のビジネスモデルを構築し、顕著な実績をあげた人物が、日産コンツェルンの創始者の鮎川義介（一八八〇～一九六七）である。鮎川は自ら戸畑鋳物を起業し、製造業のイノベーションを実践し、事業再生を手がけることで、コンツェルン形成と資本調達のノウハウを得た。いわば日本の資本主義経済下の新しい形態を作り上げた革新者であった。しかし岩崎弥太郎、渋沢栄一ほど有名ではないのは、全盛期に満州に拠点を移したことに、起因するだろう。戦前の満州の事業振興に大きな業績を残したが、戦後は本人が政治への注力、日産自動車、日立製作所の自立もあって、事業家としてはめだたぬ存在になった。

鮎川義介
（国立国会図書館「近代日本人の肖像」より）

鮎川は東京大学卒業後、自ら工員となり技術を修得した。現場にこだわる技術者であり、国家繁栄を願って、先見力を持った先進的な事業家であった。資本主義を大衆化し、株式を大衆分散することで事業規模を拡大した。さらにはM&A（企業の合併・買収）を多用して事業再生ビジネスの先駆者となった。戦前日本経済の資本主義発展の牽引者であった鮎川義介が『私の履歴書』を書いたのは、晩年の昭和四〇（一九六五）年一月である。その時、満八四歳であった。冒頭で精魂を傾けた満州重工業開発（通称満業）の思いを回顧して、次のように述べている。

「私の事業歴のうち最もハイライトを浴びた満州重工業開発でさえも、あのような終焉を告げている。また、私の創意によってできた日本産業株式会社（通称日産）という持株会社の傘下にあった諸事業にしても、戸畑鋳物（今では日立金属）と日産自動車ぐらいが私の実子で、マンモス企業の日立製作所にしても、産金産鋼で第一位の日本鉱業にしても、私が手塩にかけて育てあげたものではない」。

ここにあるように、日産自動車は鮎川義介が昭和八（一九三三）年に創業した会社であるが、強烈な技術志向のDNAは継承されている。そして、政治家であり、三井物産をはじめ財界にも関与した大叔父である**井上馨**の薫陶を受け、鮎川は律義で正直者の井上を尊敬し、強く影響を受けたことを告白している。

恵まれた教育環境の山口で育つ

鮎川義介は旧山口藩士・鮎川彌八の子として生まれた。父が軍人になりそこね、廃藩置県後の貧乏士族に生まれたこと、そして母親がのちに元老となる井上馨の姪であったことが、その生涯に大きな影響を与えることになった。両親が結婚したころは、鮎川家も井上家も平凡な一士族であったが、その後井上が政界の有力者となったことが、鮎川家を一躍名門の地位に押し上げた。

幼年時代は、勉強はそれ程、熱心ではなく、腕白で木登りをして落下して怪我するなど、自由奔放に育った。その時代の親友に岩根又重（後の山口図書館長）がいる。また、一一歳の頃、カソリックのビリヨン神父から英語を実用向きに教わったのと、神父は名門の出にもかかわらず、進んで苦難の道を歩み、耐乏生活にも耐え続け、思いついたことはやり通すという思想の持ち主だったので、鮎川は尊敬していた。その後も長い付き合いをし、大正一五（一九二六）年には鮎川一族によってビリヨン師の胸像まで建てられた。

また、山口県は教育に熱心で、井上馨の肝いりで防長教育会が早くから創られ、他府県に先んじて育英資金も整備されていた。一方、先生も一流人物が中央から招聘されていた。山口高等学校では教頭の岡田良平（のちの文相）、北条時敬（のちの学習院長）、松本源太郎（のちの東京女高師校長）、丘浅次郎（生物学）、隈本有尚（数学）、林泰輔（漢学）、佐々醒雪（国文）、戸川秋骨（英語）、西田郁太郎（ドイツ語・のちの哲学の祖）、菊池謙次郎（水戸学）、小柳司気太（漢学）、谷本富（哲学・社会学）といった豪華な教師陣であった。その当時、鮎川は将来何になるか、迷っていたが、井上馨より、直接呼ばれ「貴様はエンジニアになれ」と勧められた。鮎川もその気になり、山口高校を卒業後、麻布内田山の井上馨を頼って上京し、東京帝国大学の機械科に入学した。そして一九〇三（明治三六）年に東京帝国大学を卒業した。

井上馨（一八三五〜一九一五）
萩藩士、井上五郎三郎の次男として生まれる。幕末国事多難な折、同志らと共に国事に奔走。伊藤博文らと共に英国に留学し、帰国後、明治維新の大業推進に貢献する。明治維新後は民部大輔、大蔵大輔となり廃藩置県を成し遂げ、明治一八（一八八五）年内閣制度が成立すると、最初の外務大臣となり、その後、農商務、内務、大蔵大臣などを歴任。鹿鳴館を建設し、三井の大番頭ともいわれる。

渡米し、技術を習得したのが転機

帝大出の工学士であったから、通常なら技師待遇で一流会社に就職できた。井上馨は鮎川に人生行路の指針を与えたが、さらに就職は自分と関係が深い三井に入社を勧めた。しかし、鮎川はエリートコースに乗るのに不満で、一職工からスタートしたいという希望を述べ、現場を経験すべく、学歴を隠して、工場の工員として芝浦製作所（現東芝）に入ったのである。職工生活も計画的で、仕上、機械、鍛造、板金、組み立てなどを転々と体験勤務し、最後は鋳物工場に落ち着いた。また鮎川は工場経営と工業技術の実際を知るため、芝浦在職中、日曜日に工場見学を思い立ち、東京市内、近郊合わせて七、八〇カ所の工場を二年間で見学した。鮎川にとって得難い知識と将来の示唆を与えた。また同時に、当時の日本の工場の実態は、西欧の模倣によるものがほとんどで、日本の独創技術はほとんどなかった。そしてわが国機械工業の弱点は基礎素材である鋼管と可鍛鋳鉄の製造技術の未発達にあるとの結論に達した。そこで、芝浦製作所での約二年間の工員生活の後、鋼管の製造か、可鍛鋳鉄の製造技術を直接アメリカへ行って習得しようと決意し、渡米した。

さて、アメリカでは第一志望であった鋼管工場の方は、技術が秘密だと断わられてしまった。しかし、芝浦製作所での経験から、機械工業の基礎としての鋳物の重要性に着眼し、鋳物工場を探した。第二志望の可鍛鋳鉄工場の方は、たまたま三井物産が台湾の汽車に使う自動連結器を取り次いでいた関係から、翌年の正月早々、バッファローとナイヤガラの中間にあるグルド・カプラー社の主力工場に採用された。週給五ドルの見習い工である。宿は工場長の宅をあてがわれたが、まもなく鋳物工場の親方の家に移った。一年足らずの下宿生活だったが、そこでは家族からも歓迎され、貴重な生活体験をした。

職場での仕事であるが、砂込めから湯運び、それから鋳上がった品物のかき集めに至る一連の作業が、日課として与えられた。その中で反射炉から流れ出る溶銑を順々に取鍋に受け、かけ足で持ち場の鋳型のところまで運んで湯注ぎをする、それがすむとふたたび反射炉に戻って溶銑を取鍋に受ける、運ぶ……この運動を数回繰り返す仕事があった。

芝浦では一人前だった鮎川も、体力では苦戦したが、やがてコツを覚えて一人前になった。

さらに、エリー市郊外のエリー・マリアブル・アイアン社でも実地研修を積み、一九〇七（明治四〇）年に帰国した。

アメリカでの修養時の経験を、後に鮎川は久原鉱業の社長の時に講演し、次のように自伝に書いている。

「……過去においてこれほど意義のあるまたと得難い体験はない。爾来私は自分の事業上、この体験を生かして信念化した。すなわち、日本人は労働能率において少しも西洋人に劣るものではない。彼らが体格や腕力にすぐれている代わりに、我らは先天的に手元の器用と動作の機敏とコツという特性を持っている。頭も負けない。だから仕事の効率を彼ら以上にあげ得ないことはない。はたしてそうだとすると、賃金は米国に比べて五分の一内外だから、もし組織や規律や工程等の要素を、米国並みにレベルアップすることができたら、輸入を減らすばかりか、たとえ運賃、関税、金利のハンデキャップはあっても、逆に輸出できないはずはない。ご承知の通り国土が狭くてこう人間がふえては、農業立国は成り立たない。天然資源も何一つないとすると、第一次産業は望みがない。列強に伍して行ける方策としてはただただ第二次、第三次の加工工業が残されているのみである。思うに神様は絶対に公平だ。日本は領土や物的資源に恵まれぬ代わりに、世界無比の万能工業人の種子を余るほど授かっている。これこそ語弊があるかもしれぬが唯一の善き資源でなくて何であろう……」。

このように鮎川は、日本の産業振興として素材加工、機械製作などの第二次、第三次の加工工業の振興を説いている。こうした綿密な調査、分析に裏付けられた行動力とスピードは若い時からの身上であった。

戸畑鋳物を創業

工員として技術習得した鮎川義介は、帰国後、井上馨に相談し、賛同を得たうえ、日本で鋳物会社を設立することを計画した。

そして、一九一〇（明治四三）年、藤田、貝島、久原と三井の出資で、払込資本金三〇万円で戸畑鋳物（現日立金属）を設立し、翌年創業を開始した。工場敷地は戸畑駅構内につながった地で、約五〇〇〇坪あり、八幡製鉄所も近くで、好立地であった。

当初はマレブル（黒芯可鍛鋳鉄）継手を製造、継手の表面が瓢箪のように滑らかであってほしいという思いを込めて「瓢箪印」をトレードマークにし、ヒット製品となった。そして鮎川は戸畑鋳物を先端企業と位置づけ、「……なお信用さえあれば、外国の資本も流れて来る。それによって原料でも材料でも、持てる国から遠慮なく買うことができる。場合によってはより安く資材を購入したい。こうして輸出がさかんになれば、国民の懐も豊かになって、スイスの如く資源の乏しいのを嘆く必要がなくなる。故に今後の日本は国是として、全国を工業化して労資協調、勇往邁進すべきである」と言っている。

アメリカでの経験から、戸畑鋳物の将来の抱負と発展性に自信を持った。大正一〇（一九二一）年には、当時としては珍しい電気炉による可鍛鋳鉄製造を開始した。そして翌年には大阪に株式会社木津川製作所を設立して、戸畑鋳物から継手営業・商標権「瓢箪印」の商標を戸畑鋳物から譲渡し、継手の製造設備を増設した。さらに大正一三（一九二四）年には機械分野へ本格的に進出し、農業用・工業用・船舶用石油発動機（ディーゼルエンジン）の製造および販売を開始した。こうして戸畑鋳物は大正一五（一九二六）年には、木津川製作所・帝国鋳物を吸収合併。合併後は、東洋一の先端機械工場になったのである。

藤田家の支援で危機を脱する

第一次世界大戦前、日本経済はやや長い不況を経験し、この不況下で創業直後の戸畑鋳物は深刻な経営危機に直面した。同社の主要な製品は可鍛鋳鉄であったが、これがきわめて早い時期の試みだったため、販路の開拓が容易ではなかったのである。

一方で、設備投資資金、運転資金の需要は大きかった。戸畑鋳物は六〇万円に増資したが、それでも資金が不足した。せっかく軍部から受注した砲弾製造も、開発期間が長引き、採算も悪化し、ますます資金繰りが悪化した。一時は賃金の支払いにも事欠くほどの苦境に直面した。このときは具島、久原、三井といった出資者も追加出資を断ったが、藤田家がその要請に応じてくれたため、同社は倒産を免れた。

藤田小太郎未亡人の文子女主人に事情を話したところ、四〇万円の増資に応じてくれた。

藤田家の支援で危機を脱した鮎川義介の戸畑鋳物に、第一次世界大戦の際、今度は一躍受注が急増し、発展の機会を迎えた。日本経済全体が好況であったが、創立一〇年を迎え、ようやく繰越損失が解消された。二〇年以降、日本は長期不況に陥ったが、製品の名声が確立した戸畑鋳物は関東大震災の復興需要もあって順調に業績を伸ばした。

鮎川義介は兄弟姉妹の姻戚関係を通じ、財界に有力なグループを形成していた。その支援で何とか急場をしのいだのである。特に親族で核になったのが、藤田小太郎、久原房之助および貝島太市との関係である。

小太郎は秋田・小坂鉱山を経営する藤田組トップの藤田伝三郎の甥で、義介の弟がその養子となっていた。久原房之助も伝三郎の甥で、日立鉱山を足がかりに第一次大戦期に久原財閥をつくり上げた。久原房之助には義介の妹が嫁いでいた。貝島太市は九州に有力な炭坑をもつ企業家、貝島太助の子で、やはり義介の妹と結婚していた。

持株会社の設立と事業再生モデル

鮎川義介が影響を受けた書物として、アメリカの鉄鋼王カーネギーの『カーネギー自伝』と『実業の帝国』がある。部下の素質を見抜き、生かすことこそが経営者の使命というその主張から、鮎川は企業における経営者の重要な要素を学び、それを実践しようと考えた。

大正一一（一九二二）年のはじめ、鮎川は東京に共立企業を資本金五〇〇万円で持株会社を設立した。大戦期に新設・拡大された多くの企業は戦後不況のなかで経営危機に直面した企業も少なくない。そこで、この状況が、企業家・鮎川義介による事業再生の開始であった。この経営危機に陥った企業を再建する仕事は、共立企業という持株会社に担当させることにしたのである。

今までの縦型組織を横型にする。つまり富士山型からアルプス連峰型への転換である。こうすれば個々のプライドは傷つけずにすむし、また適材適所主義が行われやすくなる。

一方、戸畑鋳物で昇進させることができない社員の受け皿となる企業を探して、傘下に持つことであった。共立企業は担当者として山本惣治（後に日産自動車設立にあたり常務取締役就任）を起用し、大戦後の落伍企業を四〇社から五〇社をリストアップし、事業再生可能な企業を選別した。

結局、買収は電話器専門の東亜電機、もう一つは和銅で有名な安来製鋼である。いずれも戸畑の分系事業となって蘇生した。今日では安来は日立金属工業のドル箱となるほど成長しているし、東亜は日立製作所の通信部門になっている。

共立企業は小規模に終わったが、持ち株会社による買収を通じた事業再生という、後の日本産業（日産）グループのビジネスモデルのルーツは、ここに見いだすことができる。企業再生ビジネスを展開するには公開持株会社が有効であることがわかったのである。

久原財閥の救済と日産グループの誕生

事業再生ビジネスの可能性を知った鮎川に、大正一五（一九二六）年、大きな転機がやってきた。親戚関係にある久原財閥の経営危機である。同財閥のトップ、久原房之助は鮎川の義弟であり、もともと戸畑鋳物の後援者でもあった。明治三八（一九〇五）年、久原は叔父の藤田伝三郎から藤田家が所有する秋田・小坂鉱山の経営を委ねられて成功し、それを基礎に茨城・日立鉱山などを買収して久原鉱業を設立した。そして国内と朝鮮に三一カ所の非鉄鉱山を持ち、大正六（一九一七）年には産銅量で日本一となった。

久原鉱業は第一次世界大戦期の銅価格上昇による収益を利用し、大戦中に二回の増資を行い、その時、株式の一部をプレミアムつきで公募し、株式払込金三一二五万円と株式売却益金二〇一七万円の巨額の資金を手にする。その資金を元手に久原グループは急速に事業を多角化した。商業・貿易（久原商事）、海運（日本汽船）、造船（大阪鉄工所）、化学肥料（合同肥料）、鉄鋼（戸畑製鉄と東洋製鉄の合併）などである。

しかし、大戦後の銅価格の下落によって本体の久原鉱業の経営が悪化した上に、久原商事が商品投機の失敗のために巨額の損失をだしたことなどから、昭和二（一九二七）年には久原財閥全体が経営危機に陥った。当時、鮎川が要求して提出させた正確な財務諸表によると、久原鉱業の累積損失は二五〇〇万円に達していた（資本金七五〇〇万円）。その処理のため鮎川は、まず義弟の貝島太市が久原工業の監査役になっていたことに着目し、貝島家に資金提供を要請した。貝島家は、苦境に陥った際に融資をあっせんしてくれた井上馨や再建に尽力してくれた鮎川の恩義に報いるとの趣旨で、土地や有価証券、現金など計一四〇〇万円の資産を提供した。

鮎川は久原鉱業の立て直しのため、日本産業株式会社（日産）に組織替えし、共立企業は日産に、戸畑鋳物は日立と合併させた。昭和四（一九二九）年に鉱業を中心とする日産の現業部門が、日本鉱業として切り離された。この現業機能と持ち株会社機能の分離を通じ、日産財閥の骨格が形成されたのである。日本鉱業の分離直後、日産は日本鉱業や久原らが興した日立製作所、日立電力の株式を大量に保有していた。鮎川はこれを活用して、大規模な企業グループを育てていくことになる。

ちょうどその時期に、満州事変の勃発と金輸出再禁止措置をきっかけに日本経済は長い不況を脱した。政府の金本位制離脱を機に、金が大幅に値上がりし、成長軌道を回復した。鮎川はそれに合わせ、日本鉱業株の半分をプレミアムつきで売り出した。いわゆる公募時価発行である。その結果日産は一挙に、一〇〇〇万円の巨額の株式売却益金を獲得したのである。公開された日鉱株は、取引所の花形株となった。日産株は一時一二円五〇銭まで下がっていたが、一三〇円台にと急上昇した。こうなると、方々の弱体会社が、日産に吸収合併を申し込んでくる。藤山雷太の大日本製氷（今の日本冷蔵）もその一つであった。また、田中栄八郎の大日本人造肥料（今の日産化学と日本油脂との前身）の合併もその一例であった。

この鮎川の手法は久原鉱業の多数の株主を基盤に、持ち株会社自身の資金調達を広く資本市場から行う、いわば大衆株主を照準にして、広く株式を公募することであった。

大衆株主を基盤とすることによって今までの親族グループの限界を超えた企業成長を構想し、「国民産業投資信託機関」に着手したのである。

日産自動車の創業

鮎川の自動車事業進出には、三つの段階があった。まず、第一段階では昭和四（一九二九）年、戸畑鋳物の多角化戦略の一環として自動車部品事業に進出し、東京製作所を深川に新設した。第二段階で、昭和六（一九三一）年に、ダット自動車製造の経営権を取得し、昭和八（一九三三）年には日本産業と共同出資して自動車製造（翌年日産自動車と改称）を設立、遂に自動車産業に参入した。

そして第三の段階で、鮎川はビッグスリーの最大手ＧＭとの提携交渉を開始する。一時は合弁会社設立に合意し、順調にスタートしたが、陸軍省が自動車国産化方針をとったため、鮎川の自動車工業進出計画は途中で頓挫した。

昭和一一（一九三六）年七月、自動車製造事業法が成立した結果、ＧＭと日本産業の提携計画は実現不可能となり、また、鮎川の経営介入を恐れた自動車工業会社も日産自動車との提携あるいは合同策に難色を示したため、計画変更を余儀なくされた。

そこで、日産自動車横浜工場に国産技術で大量生産体制に入るため、ベルト・コンベア方式の生産設備を整えた。同時に、日産自動車を自動車製造事業法の許可会社とするため、アメリカから機械設備一式を輸入し、小型自動車ダットサン車と並んでニッサン車の量産体制を整えた。

このように、鮎川の自動車工業進出は必ずしも順調ではなかったが、自動車製造事業法の自動車事業の許可制には間に合った。豊田自動織機製作所（自動車部が分離独立してトヨタ自動車となる）、日産自動車、東京自動車工業（後のいすゞ自動車）が同法の許可会社となった。鮎川はトヨタ自動車の創業者豊田喜一郎とともに日本自動車工業の開拓者となったのである。

活発なM&Aと日産コンツェルン

鮎川の日本産業（日産）グループは一九三〇年代前半、M&Aなどを通じ急成長していく。

その原動力となったのは、出発点における最大の資産、分離した日本鉱業の株式であった。鮎川にとって幸いなことに、昭和六（一九三一）年末の金輸出再禁止の結果、金価格が急騰し金鉱をもつ日本鉱業の業績が著しく向上した。鮎川はこの機をとらえて、昭和八（一九三三）年に日本鉱業株の一部を売却、日産は一挙に四〇〇〇万円近くの売却益と一一〇〇万円を超える資金を得た。

さらに日本鉱業の好業績は持株会社日産の業績にも反映し、一時一〇円台であった日産の株価は一五〇円前後に上昇した。そして、市場の高い評価を背景に日産は二度の増資を実施して、資本金は二億円となり、株主数は三万三〇〇〇人以上に膨らんだ。鮎川が構想した通り、日産は株式市場の多数の投資家から多額の資金を調達することに成功した。

さて、この資金がもとになって、事業拡大に拍車がかかり、日産は昭和一二（一九三七）年六月時点で鉱山、自動車、電力、水産、化学など二〇以上の産業にわたって、一八の子会社と約一三〇の孫会社からなる大規模な企業グループを形成した。すでにこの段階で、三井、三菱をスケールにおいて凌駕した。

鮎川義介はコンツェルン構想について、公衆に基礎をおき、資本の源泉を大衆に求め、親会社の資本それ自体を必要に応じて拡大する。そのために日産本体の基盤を強化し、投資者が安心できる仕組みを構築することにあり、そして大衆株主を味方に付けつつ、業績を向上させることであると言っている。

満州に賭けた日産コンツェルン

鮎川義介は昭和一〇（一九三五）年、満州国を視察した。最初は満州での鉱山開発（金鉱）に関心を持っていたが、関東軍、満州国、満鉄関係者によって進められていた満州全体の産業開発五カ年計画に関わるようになる。総額二五億円という膨大な予算であった。この計画の推進にあたって、重工業開発の部門は、これを挙げて鮎川に任せ、鮎川の率いる日産コンツェルンが全面的にこれを行うことになった。

アメリカ通の鮎川らしく、最初の鮎川の構想は満州をアメリカの力によって作り上げることであった。そこで満州の開発については、鮎川は初めから、アメリカの技術、工業力、産業資本を十分にとり入れることを目標にしていた。満州は手段で、本当のねらいは、アメリカの工業力と資本を持ってきて、日本産業を拡大強化することにあった。そして、さらに進んで、日本とアメリカとの誤解を解消し、再び日米両国の間に友好親愛の関係を取り戻すことであった。

鮎川はアメリカの力を借りる点には、実に熱心で、日本の近衛首相をはじめ、政界を、軍部をも熱心に説いて回った。遂に満州重工業設立の閣議決定には、このアメリカの技術、資本を導入することが大きな一項目として書き入れられた。

ところが、この鮎川の満州進出の計画が進められている最中、昭和一二（一九三七）年七月、北支事件が勃発し、これがずるずると拡大してしまった。

そしていよいよ満州重工業（日産の新しい会社名）に関する閣議決定が行われた時分には、北支事件は、収まるどころか、ますます拡大激化して、南北支那にわたる本格的な日支戦争に突入する。その結果、日米関係も当然悪化し、逆に激しく対立することになった。

満州重工業開発の失敗

前述したように、日本産業（日産）グループは一九三〇年代前半に事業を急拡大させた。しかし、昭和一一（一九三六）年以降の戦時社会に軍部の力が強化され、事業経営には深刻な影響を及ぼした。昭和一二（一九三七）年に入り、林内閣のもとで法人所得税の大増税を含む税制改正が行われた。さらに日中戦争が勃発すると、近衛内閣は、北支事件特別税が加えられた。

相次ぐ増税、特に利益配当特別税は持株会社である日産に大きな打撃となった。当時のある日産幹部は「日産の所有している他社の株式を日産の株主に返してしまう他ない」、あるいはむしろ「解散してしまおう」と発言したといわれる。戦時税制は持株会社そのものの存在を否定するのと同様で、日産コンツェルン躍進の礎はもろくも崩れたのである。

鮎川としては、今後どう舵取りをしたらよいか、日産の経営が困難に直面して、思案しているとき、鮎川は満州国を事実上支配していた関東軍から驚くべき打診を受けた。「満州第二期経済建設」計画を実施するにあたり鮎川の協力を得たいというものである。

建国をうけて始まった第一期経済建設が十分な成果をあげていない状況から、鮎川に第二期計画を任せたいというものであった。この打診に対して鮎川は満州の重工業および資源開発関連の企業を統合した会社をつくり、そこに経営資源を集中するとともに、外資を導入するという開発方式を提案した。これが受け入れられ、満州国政府から税制上の優遇を保証された鮎川は、昭和一二（一九三七）年末、日産本店を新京（長春）に移転した。日産は満州国の法人となり、社名を満州重工業開発（満業）と改め、鮎川はその総裁に就任した。同社は既存の日産子会社や南満州鉄道（満鉄）のもとにあった諸企業を傘下に統合した。

こうして鮎川は満州で新たな活動の場を得たかに見えた。しかし、その環境は彼の期待に反していた。旧満鉄子会社は特殊会社として政府との関係を維持し、満州重工業の意図通りに動かなかったからである。そして、満州の重工業化への展開は不可能と判断された。それに代わる大規模農業法人も政府の小口入植思想で許可されず、満州行きの転換はことごとく実現の見通しがなくなり、遂に鮎川は、昭和一七（一九四二）年に満州重工業総裁を辞任した。

鮎川義介の経営手法の特徴

鮎川義介の経営手法の特徴をまとめてみると、学生時代の工場見学、職工として技術習得、アメリカに技術留学、帰国後、機械産業を牽引するため戸畑鋳物を起業するなど、計画に対して迷いがなく、すべてが計算づくのように思える。起業した事業を成立させ、継続を可能にするのはビジネスモデルを熟知していたという自信である。

事業の上での競争力を左右するのは、コア・コンピタンス（得意な競争分野）、つまり競争相手に比較して優越した独自の技術やスキル、資金を持つことである。ここに経営資源を集中することで、独占形態や無競争状況をつくるのである。企業間競争優位の源泉が「物」「金」から「人」へシフトしつつあり、戦略を実行し、競争に勝ち抜くため、有能な人材を組織として活用していく仕組みがますます重要性を増している。

鮎川義介は『カーネギー自伝』から「部下の素質を見抜き、活かすことこそがトップ経営者の使命」という主張に、経営者の重要な要素を学び、前述した共立企業を使ってそれを実践に移した。

事業の中心である戸畑鋳物は、大きく成長したが、それにつれて人事関係が複雑になってきた。人は次第に育ってきたが、上がつかえていて昇進させられない。また、いろいろな業務を経験させるにもローテーションにも限界が出てきた。昇格も降格も伝統的人情はそれを許さない。そこで、これらを解決するにはいろいろな業種の別会社を設立して、人材を送り込むことを考えついたわけである。これにより、コンツェルン形成時までには多くの人材が育ったのである。鮎川が二〇世紀の日本経済の変化を象徴する事業家といわれるのは、こうした人材育成と活用の妙であり、もう一つは資本市場を中心とする大衆資本導入に成功し、持ち株会社システムによる日産コンツェルンの実現であった。

コラム⑧　コンツェルン

独占的金融資本や持ち株会社を中核とし、個々に独立した企業の株式を親会社が持ち実質的に支配する企業形態をいう。カルテル・トラスト以上に独占の進んだ形態。解体以前の三井・三菱・住友などの財閥の多くはこれに属する。

複数の企業の統括を第一目的とし、市場支配を直接の目的としない点でカルテルやトラストと異なる。カルテルやトラストよりも資本集積が進んだ段階である。日産コンツェルンは、日本の財閥で一五大財閥の一つである。鮎川財閥とも呼ばれる。

第一次世界大戦後の不況により経営危機になった久原財閥を引き継いだ鮎川義介によって創設された。なお、日産の由来は日本産業からきている。

日立鉱山（久原鉱業）を源流として、機械・銅線部門を独立させての日立製作所などを加え、持ち株会社の日本産業のもとにコンツェルン化した戦前の財閥である。

日本産業を改組後、昭和三（一九二八）年、株式を公開し、それによって得た資金を元に事業拡大を進める。子会社も積極的な株式公開戦略を行い、その資金を元にさらなる事業拡大という戦略を進め巨大化した。中核企業である日本鉱業（現在のＪＸホールディングス）・日立製作所のほか、鮎川が最初に設立していた戸畑鋳物（現日立金属）やそこから派生した日産自動車などの企業群が持株会社である日本産業の下にぶら下がる構造となった。

戦後は、その自動車部門であった日産自動車が日産の名を残す後継企業としては最も規模が大きい。

九章　独創技術で世界のホンダを築いた本田宗一郎

自伝に観る天才技術者

本田宗一郎（一九〇六〜一九九一）を理解するのに、まず『ホンダ50年史』で、会社の沿革を知るのがよいだろう。二輪、四輪と製品別に時系列に紹介し、独創的な技術進歩の過程がよく判るようになっている。偉大なる創業者・本田宗一郎を「創造と挑戦の日々」のサブタイトルで、創業期から順次エピソードを交えて、独自技術、製品開発の足跡を紹介している。

本田宗一郎は日本が生んだ天才的技術者である。自動車修理工場の丁稚から身を興し、オートバイで世界一、自動車でもベストテンに入る本田技研工業の創業者である。常に挑戦者精神を燃やし続け、イノベーションを続け、世界に通用する高性能で独創的な製品を造り続けた。社史ではスーパーリーダーとしてホンダを築き上げた、本田宗一郎の生涯をかけて追い続けた夢とは何であったのか。感動的ストーリーが盛り込まれている。

次に本田自身の自伝に移ろう。一代で駆け抜けた夢のような人生を、昭和三七（一九六二）年八月に日本経済新聞に『私の履歴書』として連載した。そして、これまで歩んで来た体験とそれから得た考えかたを『ざっくばらん』、『スピードに生きる』、『得手に帆上げて』の三書に書いている。

この三書の内容を見ても、根っからの技術者でイノベーションを続けてきた人生がよくわかるが、一方で本田宗一郎の合理的考え方と義理人情が矛盾なく共存し、稀に見る個性と叡智が伝わってくる。

ホンダの企業文化は、創立者の本田宗一郎の個性が前面に出るのは当然であるが、営業を担当し補佐した**藤沢武夫**副社長のしたたかな営業センスも併せ持つ。人が企業の基本であり、そこでは存在価値のない人間はいないとして、その上で、「得手に帆をあげる」がホンダイズムの柱になっている。

本田宗一郎
（本田技研工業株式会社　提供）

ホンダの基本理念は「つくって喜び、売って喜び、買って喜ぶ」の三つの喜びである。そして、つくる喜びについては、「現場」「現物」「現実」の三現主義がもの作りの原点にあるといってよい。

それにしても独創技術で先手を打ち、有利に市場開拓する力は、やはり「ホンダらしさ」であり、本田宗一郎に対する絶対的な信頼が社員にあった。本田が期待したのは個人に潜む「暗黙知」（言葉では表現しにくい主観的・身体的な知識）を発揮せざるを得ない状況を作り出し、行動となって実現する仕組みであり、組織に強さを与えた。本田が構想していた組織は、そのような「自立分散型リーダーシップ」を備えた高度な人間集団であった。

藤沢武夫（一九一〇〜一九八八）
東京生まれ。京華中学卒業後、日本機工研究所を設立。戦後、本田宗一郎を知り、昭和二四（一九四九）年、本田技研工業に常務として入社。経営を担当し、技術部門を担った本田と共に「世界のホンダ」の基盤を作る。昭和三九（一九六四）年副社長。この創業二五周年を前に昭和四八（一九七三）年に、後継育成を見極め、本田と共に退任し、取締役最高顧問となった。

幼・少年時代から科学技術に関心

『私の履歴書・夢を力に』（日本経済新聞社）から本田の足跡を辿ってみよう。

本田宗一郎は明治三九（一九〇六）年、浜松市の近郊、静岡県磐田郡光明村（現在の天龍市）で生まれた。父儀平は鍛冶屋で、本田は母みかとの間に生まれた長男で、いわばふいごとトンテンカンの鎚の音とともに育ったわけである。祖父・寅市は農家であったが父の代になって貧農から抜け出し、鍛冶屋をはじめたが、九人の子を養うため、生活は大変だったようである。父儀平は鍛冶屋としては一級の腕前で、本田もそれを見ながら、農具を作ったり、修理する仕事に興味を持った。それに祖父の影響もあった。家から四㎞ほど離れたところに精米屋があって、そのころとしては珍しい発動機が動いていた。本田は祖父に背負われてその精米屋によく連れていってもらったが、二ストロークの発動機のゴーゴーバンバンという音ともうもうとした排ガスの一種独特のにおいが大好きだった。

小学校（山東尋常小学校）時代は、通常の成績は良くなかったが、創意工夫、いったん興味を引かれた事柄には、徹底的に行動的であり情熱的だった。

小学校時代の宗一郎は、悪戯にせよ遊びにせよ、たった一人で大胆な行動をとることがあった。地蔵の鼻の形が良くないから直そうとしてノミで削り落としてしまったこと。学校で飼育していた金魚の色をもっときれいにしようとペンキを塗ってしまったこと。昼の弁当を食べたくて、正午の合図である寺の鐘を一時間も前に鳴らしてしまったこと。先生がやる理科の実験を失敗させようと磁石の磁力を抜いてしまい、先生が失敗した後、磁石を直して実験を成功させて、拍手喝采をあびるといった人気者でもあった。

瞬間沸騰的なアイデアによる、切れ味のよい悪戯ばかりである。そして、本田の将来を暗示する事件が二つある。一つは小学校三年の時、村に自動車がやってきた。宗一郎と自動車との出会いである。この車はT型フォードで、宗一郎は走りながらエンジン音を聞き、その心地よい機械音に感激した。本田が機械いじりやエンジンに興味をそそった事件がもう一つある。大正五（一九一六）年、浜松の和地山練兵場でのアメリカの飛行家アート・スミスの複葉機の飛行を、練兵場の外の松の木に登って見ることができたことである。一日中いてもあきないほどだったという。

次に父・儀平の影響である。儀平は、鍛冶屋としての腕も確かだったが、新しい時代を見抜くのも早かった。このあたりは、やはり親子であり、似ているが、鍛冶屋から自転車屋へと変わっていったのは、道路の整備がきっかけだった。明治後半から大正にかけて、それまで川が中心だった輸送路がしだいに整備され、光明村を通る道路も拡張工事が行われ、長野県の県境付近まで馬車で通える道になった。そこで儀平は自転車屋を思いつくのである。当時は高級品であり、一般には手が届かない。儀平は安い自転車を売り出すため、東京から大量の中古自転車を仕入れ、酸素溶接の技術で、次々と再生自転車をつくって売り出し、地元の人びとに喜ばれた。この成功で本田家は、本田が二俣の高等小学校を卒業する頃にはようやく貧しさから脱出していた。

儀平の技術と創意工夫と行動力が貧困から脱出させたのである。本田は技術とは何か、そしてそれをどのように商売に結びつけるか、父から学びとった実体験が本田宗一郎の原点であった。

アート商会で実体験し、技術習得

本田宗一郎は自動車関連のエンジニアを夢見て、大正一一（一九二二）年に東京のアート商会に入社した。約六年間勤務するが、アート商会の修理業務には、モーターサイクル（オートバイ）が含まれていたことも、意味深い。当時は、自動車もモーターサイクルも、限られた階層の持ち物だった。そして、そのほとんどが外国からの輸入車だった。しかも、現在よりはるかに数多く存在していた世界中の大小さまざまなメーカーの自動車、大量生産車から少量生産高級車、スポーツカー、こんな乗用車までがと驚くほどの希少車までも、日本に輸入されていた時代だった。アート商会には多種多様な車両が修理に持ち込まれた。知識欲旺盛な本田には、絶好の実地勉強の場所だった。

消防車の修理で盛岡へ出張し、最初は若いのでばかにされたが、実力を示して相手の評価を一変させた。関東大震災時には、壊れた自動車を次々に修理して会社の再建に貢献した。このような本田の実体験からさまざまな経験と、当時の最先端技術を備えた外国車の整備・修理に携わったことから、そのノウハウを血肉化した。すでに高度な技術を身につけていた。ホンダの二代目社長河島喜好は次のように言っている。

「よくまあ、そんなことまで知ってるなあとビックリするくらい、クルマのエンジニアリングの知識は広くて深かった。メカニズムには精通していました。アート商会の徒弟時代、アート商会浜松支店での経営者時代に、おやじさんは、それこそ現場・現物・現実で、それらを学んだんでしょうね。知識だけじゃなく、溶接から鋳造から、何から何まで名人級です。紙の上の学問しか知らなかった僕らじゃ、とても歯が立たなかった」。

その確かな本田の技能について、師匠・本田に太鼓判を押している。

浜松で独立・一国一城の主に

昭和二（一九二七）年、アート商会の主人・榊原郁三からのれん分けを許され、翌昭和三年にアート商会浜松支店を開設した。本田宗一郎、二二歳の時である。資本は榊原郁三からの借入でまかない、家屋敷と米一俵を父儀平が用意してくれた。また、父と親しい遠州自動車業界の重鎮・曽根幸吉が店舗工場の場所を浜松市元浜町に斡旋したり、何かと面倒をみてくれた。

部品がなければ自ら造り、どんな故障でも修理するのが受け、初年度から赤字を出さず、出足は順調だった。そしてさらに、研究活動も怠らず、鋳物製のスポークで特許をとった。スポークは輸出され、業績好調で二五歳の時には、月々一〇〇〇円の利益を稼いだ。

一方、仕事の技術・質も高かったが、遊びに関しても尋常ではなかった。若くて独身の身の軽さから花柳界に出入りし、二五、六歳では輸入車二台を乗り回していた。事業が軌道に乗り資金的余裕もあったため、レース車を製作して自らがドライバーとして出場し、事故死直前の極限状況も経験している。しかし、仕事と遊び、公私の区別をはっきりつけており、出費は一切自腹だったし、仕事上の接待や贈り物も嫌ったという。

ピストンリング製造・東海精機を設立

本田宗一郎は二八歳のとき、繁盛していた修理工場を閉鎖し、新しく東海精機株式会社を創設し、ピストンリングの製造をはじめた。順調にいっていた修理業をやめ、どうして商売替えしたかを、自伝では次のように言っている。

「自分の使っていた工員たちがボツボツ独立して店を持つようになったものの、自動車が急にふえるではなし、結局私の商売がたきとなって競争することになる。私はそれがいやだった。それに修理屋はやはり修理屋だけのことしかない。昭和一二年の支那事変以来、物資の統制がきびしくなってきたので、材料が少なくてすむ事業に切り替える気になった。修理から製造への一歩前進を策したわけである」。

というのは表向きの理由で、後に宗一郎は「何かこの手で生み出すものをやってみたかった。修理という川下の商売ではなく、製造という川上の商売をしてみたかった」と率直な動機を語っている。本田の本心はやはり人生の冒険者として、それは製造業への挑戦だったのである。

株式会社アート商会の経営陣や株主のなかにピストンリング・メーカーへの転業に反対する役員がいたので、説得が大変であった。そしてようやく、東海精機は発足したもののピストンリングの開発には鋳物の基礎知識の不足から難行した。ようやく製作に成功したのは、九カ月も要していた。さらに品質上、量産に入れなかった。

本田は浜松高等工業へ駆け込み、田代教授の教えを受けることにした。教授は早速、ピストンリングを金属顕微鏡で観察し、分析結果を出した。それによると、やはりシリコンもカーボンも不足し、マンガン、リン、硫黄の成分率も適正ではなかった。

この科学的な分析に感動した本田は、押し掛け弟子のように浜松高等工業学校の機械科夜間部特別聴講生となってしまう。初めて科学知識の重要性に目覚めたのであった。

一九三七（昭和一二）年に新ピストンリングの試作品が完成し、東海精機では、大手の取引先を求めてトヨタ自動車と交渉した。この売り込みが成功してピストンリングを製造することになったが、一二万本を試作して、そのうち五〇本を厳選してトヨタの納品検査に出したところ、たった三本しか合格しなかったのである。

そこで本田は、ピストンリングの生産技術を学ぶため、金属に強い大学、研究所に武者修行することを思い立ち、最初の東北帝国大学から開始した。次は東北帝大の紹介状を持って北海道室蘭に飛んだ。室蘭製鋼所の砲身製作技術と製造技術を学ぶ。それから北海道帝国大学に四日間通い、帰る途中に盛岡で南部鉄の職人親方の仕事を十日間ほど手伝った。

それから九州帝国大学へ飛んだ。九州で、ようやく学習が終了した。

東海精機が工場を建設し、本格的にピストンリングの大量生産を開始したのは、試作品が完成してから二年後になった。この間に、本田宗一郎はピストンリングに関する特許を二八件も取得していた。

日本楽器にプロペラ製造の自動化で貢献

戦時中、爆撃機のプロペラを生産していた日本楽器（現在のヤマハ）からの依頼で、嘱託技師となり、それまで手作業で一週間に一本の割合で製造していたプロペラを大量生産する自動削り機を考案した。この機械は三〇分で二本のプロペラを製造する能力があり、日本楽器の幹部を驚かせた。当時の日本楽器製造社長・川上嘉市は「本田宗一郎君は日本のエジソンだ」とその手腕を手放しで評価し、特別顧問と呼んで評価した。日本楽器では、本田は鉄の定量分析をやり、高周波電気炉や高周波発電機まで自作している。

このプロペラ製造機械を設計したことで本田は軍部から表彰を受けた。『読売報知新聞』は「翼増産へ技術の凱歌・手の労働脱却」という見出しで、この民間技術者を絶賛した。

戦時下の浜松では、本田の技術は高く評価され、中島飛行機が浜松に工場を建設した時も技術嘱託として協力しているし、地元工場でつくった大量生産研究会にも積極的に参加し、生産技術の専門家にもなっていた。

大衆二輪車スーパーカブがヒット

終戦となってピストンリングの製造は縮小となり、東海精機の株主であるトヨタからはトヨタの部品を作ったらという話があったが、本田は断り、逆に自分の持株全部を四五万円でトヨタに売渡し身を引いた。

それから一年の準備期間を経て、昭和二一年、本田技術研究所を設立した。当初開発の目標になったのは織物機械だったが、即生産可能であったのがモーターバイク（補助エンジン付き自転車）であった。この商品は評判がよく、全国から注文がきて、最初は月産二〇〇～三〇〇台程度であったものが、すぐに一〇〇〇台になった。それに気を良くして次に強い馬力のオートバイを開発し、生産することになった。そして従業員も増え始めるが、学卒エンジニアの最初に入社したのが、後に二代目社長になる河島喜好であった。

エンジン開発はA型、B型、C型と進化し、遂にD型を搭載して商品化したのがドリーム号である。本田の卓越している点は、開発に安易な妥協はせず、技術的に納得するまで商品化しないところである。決して利益主義だけに走ることはなかった。また開発にあたる社員には、厳しさと思いやりの両方を持っていた。開発の現場では非常に厳しく、口より先に手が出てしまうような激情家であったにもかかわらず、「おやじさん」の愛称で慕われた。それは本田の技術に関する絶対的な自信と人生哲学に、社員が尊敬の念を持っていたからである。

ホンダに幸いしたのは、開発に力点をおく本田に、財務、販売部門を統括する藤沢武夫が昭和二四（一九四九）年に相棒となって加わったことである。ホンダは飛躍期を迎え、翌二五年三月、東京営業所を設置し、東京進出の拠点とした。そして九月には北区上十条に組み立て工場をつくった。間もなく四サイクルのE型エンジンの開発に成功し、ドリーム号に積載した。その後スクーターのジュノーの失敗、売掛金滞留などあったが、何といっても本田技研を一流会社に押し上げたのは、昭和三三年発売のスーパーカブである。

そもそも、このカブは販売の指揮官である藤沢武夫の発案であった。50cc以下、スクーターでもなく

スーパーカブ
（本田技研工業株式会社　提供）

オートバイでもない、価格は低価格、月間三万台売れる二輪車、藤沢専務が本田社長に提示した商品コンセプトであった。

スーパーカブはホンダの主力商品になり、潜在市場を掘り起こし、需要創造につながり、鈴鹿工場のフル操業につながったのである。やはり本田技研として業績安定につながったのは、一般大衆向けのスーパーカブをはじめとする原付一種（50 cc 以下）の需要開拓の成功である。商用として実用に耐え、軽便な輸送機械として商工業者の支持を受けたことである。

マン島T・Tレースは動く実験室

本田宗一郎のチャレンジ精神のエピソードは数多いが、レースに関して際立っている。昭和二九（一九五四）年に「全世界の自動車競争の覇者になる」と堂々と宣言したのである。そして本田は昭和三二（一九五七）年、イギリスのマン島でのオートバイ世界選手権レースを見学した。T・Tレース（ツーリスト・トロフィー・レース）といい、伝統的にも技術的にも有名なレースである。当時の日本車の性能は六〇馬力がせいぜいで、一四〇馬力の以上の外国車とは比較にならなかった。時速二二〇km以上で争われる過酷なレースで勝敗が決せられる。

本田は、いずれこのスピードに勝って、日本のエンジン技術でT・Tレースに勝つと宣言した。同行したホンダの技術スタッフはこの本田の夢を夢と思わなかった。

周りの技術スタッフをその熱気に巻き込んで実現してしまう人心掌握術に長けていた。誰もが最初は無理な目標と思いながらも、本田の話を聞いていると「できるかもしれない」と考えてしまう影響力があった。技術水準を高めるためにレースは動く実験室であり、Ｔ・Ｔレースに挑戦し、そこで勝てれば世界のオートバイメーカーとして、一流と認知される。

そして欧州メーカーとの技術の差を短期間で克服して、遂に一九六一（昭和三六）年の英マン島Ｔ・Ｔレースで、世界グランプリをとったのである。夢と情熱によって人を動かすのが本田流である。その後、本田技研は二輪車をアメリカをはじめ世界各国への輸出を飛躍的に高めた。

独創技術で四輪自動車に進出

本田が四輪に進出するという話は業界では通説になっていた。四輪車の最後のメーカーだっただけに、生産設備、販売網、サービス網から考えて、当面着目したのは軽自動車だった。昭和三五（一九六〇）年、政府が日本の産業を育て国際的な競争力をつけることを目的にした「特定産業振興臨時特別措置法」（特振法）を用意していた。そのため本田は通産省に真っ向から反対の意思表示をしたが、聞き入れられないとみるや、自ら四輪メーカーの名乗りを挙げる意思決定をしたのである。認知能力や変化への対応力が非常に優れている経営者であっても、組織を動かしていくには、個人の能力では限界がある。個人企業ならともかく、組織が大きくなればなるほど、経営者自身が感じ、考えている内容を他人に説明し、理解させ、納得させていかねばならない。現在四輪は造っていないが、将来必ず進出するというリーダー・本田は、不確定な未来に対しての進路を自らの直観により定めたのである。

企業の内外に提示するだけではなく、四輪進出を具体的目標に変換して現実と連動させていくことが必要になる。

ホンダは藤沢専務の発案で、技術開発と研究部門を独立させ、本田宗一郎社長のもとで、本田技術研究所を設立した。そして早くも二年後の昭和三七（一九六二）年、鈴鹿サーキットに全国ホンダ・ディーラー大会を開催し、軽トラックT360と軽自動車規格の2シート、スポーツカーS360の試作車を発表した。翌年八月、ホンダ初のT360軽トラックが市販された。驚くことにエンジンは日本初の高性能DOHCエンジンで、他の軽自動車と比べ断然ハイパワーで高回転だったのも人気だった。

軽乗用車のN360は昭和四二（一九六七）年二月に発売された。発売にあたって藤沢専務は「大衆車人気に押されてはいるものの、安くて使い勝手のいい軽自動車ならまだまだ売れる」という自信を示した。その言葉通り、ユーザーに支持され、あっという間に軽自動車のトップメーカーに踊り出た。

それと技術的にはオートマチックを独自技術で三万件近い特許をかいくぐって見事に開発し、N360に搭載したことである。当時の軽自動車の年間販売台数は六〇万台弱であったが、N360は一機種で年間一〇万台ちかくも売れた。

低公害エンジンで世界をリード

一九七〇年（昭和四五）年、アメリカ連邦議会はマスキー法と呼ばれる大気浄化法を採択した。実施予定は一九七五年で、五年間の準備期間が設定されていた。この法律には自動車エンジンから排気される有毒物質を、現行の規制よりさらに厳しく制限し十分の一まで減らすという条項があった。この規制に合致する自動車エンジンを五年間で開発することは不可能だろうと世界中の自動車エンジニアは思った。つまり五年後には、新型車を発売できなくなる。企業存亡の危機を感じたアメリカの自動車メーカーはロビー活動を通じてマスキー法の改正を画策した。

日本政府も、マスキー法規制実施に同調する予定であった。ヨーロッパ各国は足並をそろえることはなかったが、自動車の巨大市場であるアメリカで新型車が販売できなくなるとすれば、マスキー法に合致する排ガス対策技術の開発を避けては通れない状況であった。

ホンダでも、ＦＦセダンのＨ１３００の開発途中であり、本田技術研究所長であった杉浦英男（後のホンダ会長）は本田宗一郎の意向に反して、執拗に排ガス対策のためにも水冷エンジンにすべきであるとして対立した。本田は技術者ではあったが技術偏重主義ではなかったし、経営者であったが利益優先の姿勢ではなかった。彼は、人間としてのあるべき姿、仕事をするうえでの基本思想を非常に大切にしていた。排ガス問題で、技術者同志の社内の葛藤をむしろ奨励していた。

それを低公害車の開発に関して、どのように社内を盛り上げ最終的に成就できるか、技術開発に携わる技術者と徹底して議論を繰り返していた。本田が口癖のように言っていたのは、「お客さんのために」「世の中のために」であって、経営効率と利益追求に関しては一線を画していた。

また、本田のエッセー『俺の考え』では、「技術よりまず大事にしなければならないのは、人間の思想だと思う」「人間を根底としない技術は何も意味をなさない」と、思想・哲学の重要性を説いている。企業は、お客さんに喜んでもらえる質の高い商品を提供するために努力するのであり、利益は後からついてくるという考え方であった。

そして、低公害エンジンを一九七一（昭和四六）年に「CVCC・複合過流調速燃焼」という名称で発表した。翌年には詳細の全容が発表され、特許出願件数は二三〇件に上っていた。

ホンダは二番手がきらいな会社である。つまりタイムリーな製品開発、時間の尊重である。

本田は自伝で「多くの人は事業の要素を、資本、労働、経営の三者に求めるが、今一つ重要なファクターとして、すなわち時間のあることを見落としている。どのように優れた工夫や発明でも、必要なときに提供しなければ何らの価値もない。「六日のあやめ、十日の菊」は商品価値では零である。……アイデアの尊重とともに時をかせいだからである。来年の今頃は、現在わが社で作っている程度の製品を作る同業社がないとは言えない。必要な時に間に合うことが絶対条件である。息を引きとってから到着したのではいかなる名医も藪医者に劣る」と言っている。

低公害、低燃費「シビック」がヒット

一九七二（昭和四七）年七月、低公害エンジンの発表に先立ち、ホンダは「シビック」を発売していた。翌年一〇月にはCVCCエンジンを搭載した。四ドア、一五〇〇CCの本格的小型乗用車である。H1300の反省をこの車で存分にいかした。エンジンは水冷、シンプルで価格も安い。そして特異なデザインも人

気を集め、一九七三（昭和四八）年度の「カー・オブ・ザ・イヤー」に輝いた。

初年度にはわずか二万台だったが、三年後には一七万六〇〇〇台も売れた。マスキー法施行初年度の一九七四（昭和四九）年にはアメリカのＥＰＡにシビックを持ち込み、認定を取得した。ＥＰＡの検査官は排ガスも合格だが、燃費効率が良い点を指摘した。「われわれは排ガスばかりに気を取られていて、燃費のことは全く考えていなかった」と担当者は目からウロコが落ちる思いだった。排ガス対策は当たり前で、これからは燃費の競争になると気づいたのだ。

シビックは一九七八年モデルまで四年連続で燃費第一位を獲得した。アメリカでは二輪のホンダとしての名声に加え、四輪でも知名度を高めた。ＣＶＣＣで先発メーカーを追い抜き、これを搭載した小型車が省エネ時代を迎えた日米で新市場を開拓した。トヨタ、日産と肩を並べる布石は充分できたのである。

一九七三（昭和四八）年一〇月、本田宗一郎は社長を河島喜好に譲り、副社長の藤沢武夫とともに取締役最高顧問に退いた。第四次中東戦争が勃発し、石油危機と狂乱物価の嵐がやってくるのはその直後であった。

人間尊重が原点・得手に帆をあげて

「惚れて通えば千里も一里」という諺があるが、それくらい時間を超越し、自分の好きなものに打ち込めるようになったら、こんな楽しい人生はないというのが引退後の本田の言葉である。この原点は、本田宗一郎の人に対する考え方にある。彼は「一人ひとりが自分の得手不得手を包み隠さずハッキリ表現する。石は石でいいんですよ、ダイヤはダイヤでいいんです。そして、監督者は部下の得意なものを早くつかんで、伸ばしてやる。適材適所を配慮してやる。そうなりゃ、石もダイヤも本当の宝になるよ」と、人が企業の基本であり、そこでは存在価値のない人間はいないと述べる。その上で、得手に帆をあげる（好機をとらえ得意なことをする）意義を強調している。

「人間尊重」、そしてそのなかの「平等主義」は、企業としてのホンダのモットーになっている。研究所では社員全員が同じ白のつなぎを着用し、上司部下の区別なく議論を戦わせるという雰囲気は、ホンダ独特のものだろう。ホンダのように「個人はもともと異なるもの」ということを前提に組織のあり方を考えている企業は非常に少ない。ピラミッド型の階層構造に規定されることを嫌い、「個」の多様性と独自性を生かそうというのはホンダの企業風土として定着している。

また、藤沢武夫も「おのおのが個人としての特徴を十分に生かしてみんなが公平に機会を持ち、努力が正しく報われるようにしたい」と宗一郎と同様に、組織においては人間の個性を生かしていくことの重要性を指摘している。

社長退陣の際の挨拶で宗一郎は、藤沢との連携を例に「半端なもの同士でもお互い認め合い、補い合って仲良くやっていけば、仕事はやっていけるものだ。世の中に完全な人間などいるものではない。自分の足りないもの、できないところをまわりの人に助けてもらうと同時に自分の得意なところは惜しみなく使ってもらうのが、共同組織のよい点で大切なところだと思う。『人間の和』がなければ企業という集団の発展はおろか、維持さえもできないことを十分認識してほしい」という表現で組織について語った。

また、ホンダのエンジニアは、過大ともいえる目標を設定し達成に向け必死に努力することで、自分の潜在能力を引き出し、そこから成長し、自律性を持って行動できるようになることを求められてきた。そして個性と平等を重んじる「人間尊重」の社風に加え、「人間、勝とうと思わなければ絶対勝てない」という本田宗一郎のスピリットが生きているのである。

理論尊重がホンダの気風

本田宗一郎は理論を尊重する経営者である。そして経験に裏打ちされた鋭敏な感覚と広い視点を持っていた。工場経営での本田の凄さは、そのような技術者として優秀であった面だけではなく、理論の裏付けをもった人材を巧みに使う術である。

四輪の空冷化エンジンから水冷エンジンに切り替えたのも、燃費と排ガス規制を優先したからと自分の主張を変えている。また鈴鹿工場での一〇〇億円投資もスーパーカブの量販の見通しがつき、二、三年で投下資金が回収できると読んだからである。しかも「全社員の創意くふうで鈴鹿にモデル工場を作れ」という指令だけで、若い社員中心に工場建設、機械の選定、技術研究所のアイデアを入れ、当時としては最先端の新鋭工場になった。

理論に基づく各人のアイデア、すなわち創意工夫を尊重するところに進歩発展がある。人間の肉体的労働力は二〇分の一馬力にすぎない。人間の価値は物事を理論的に考え合理的に処理する知恵と能力に比例する。ホンダに新たな挑戦意識があるのは、それは従業員の年齢の若さもさることながら、時空を超えて常に新しい理論を尊重するからである。

本田は自伝で「ホンダの進歩と発展は、一に懸ってより一層理論的であるか否かにある」と理論的な気風を重視しているが、リーダーに人の本質を見抜く力があってこそ可能になる。

もう一人の創業者・藤沢武夫

ホンダにとってカリスマ創業者、本田宗一郎の存在感が大きいが、本田宗一郎と藤沢武夫の関係は文字通り「車の両輪」であり、女房役の藤沢を無視できない。かたや、モノづくりに没頭する破天荒な激情家。かたや、事業の修羅場を経験した商売人。江戸っ子で多趣味、人間通の藤沢は、視野が広くバランス感覚に優れ、調整能力にたけていた。

歴史に残る名ナンバー2・藤沢武夫は『経営に終わりはない』の冒頭部分で次のように言っている。


「私は戦前から、だれかをとっつかまえて、いっしょに組んで自分の思い通りの人生をやってみたいと思っていました。その場合には、私はお金をつくって物を売る。そして、その金は相手の希望しないことには一切使わない。なぜならば、その人を面白くさせなければ仕事はできないにきまっているからです」。


と「大きな夢を持っている人の、その夢を実現する橋がつくれればいい」と心底思っていたようで、そのことが本田宗一郎と手を組むきっかけになった。

のちに二人の仲介人となった竹島弘（当時通産省の技官）から、本田宗一郎がパートナーを探していると聞いたとき、著者は即座に「おれ、それやるよ」「おれは金を持っていないけれど、金はつくるよ。金のほうを受け持って、いっしょにやってみたい」と答えた。

本田もまた、人を見る目も確かであった。初対面の人を見ても直観的にどんな人間かを見抜くことができた。藤沢武夫とは、出会ったとたんに自分のパートナーとして適切な人物だと感じたという。宗一郎とはまったく違った性格で、異なった視点からはっきり意見を述べるその人物像には、共感できるところがあったという。

以来、二人の指揮者にリードされたホンダは躍進するが、そのきっかけになったスーパーカブも藤沢の発案であるし、本田技術研究所の分離は、技術競争に勝つための手段であった。

また自動車メーカーとして、最初にアメリカ、オハイオ州に工場を建設し、現地生産を開始した。集団思考型の役員室は、大企業病にならないようにするには、部門の長の発想から離れて、大所高所から会社を見直すことが必要である。意思決定を速めるのが目的であったが後継者育成にも役立った。

コラム⑨「現場」「現物」「現実」の三現主義

ホンダの基本理念は「つくって喜び、売って喜び、買って喜ぶ」の三つの喜びである。そして、つくる喜びについては、「現場」「現物」「現実」の三現主義がもの作りの原点にある。本田宗一郎はある技術課題に出合うと、その背後にある全体像・本質を瞬時に察知する感性を備えていた。一つの現象だけを見ないで、背後にある本質・真実を直観的に見抜く状況判断能力に優れていた。このイノベーション思考の進め方、発想の展開の過程で、新しい真理の発見があり、学問の進歩が生まれるという「創造的破壊の発想」である（『得手に帆をあげて』）。

藤沢武夫によれば、本田宗一郎は技術のことを素人にも非常にわかりやすく説明するだけではなく、作り方も明快に解説できたという。現場に行けば、自分の構想を床に図面としてチョークで書き、技術者と論争し、自ら工具を持って行動で示していた。

これだけなら、単に技術に詳しい現場密着型の経営者にすぎないが、本田はその背景に将来を見通した自らの技術デザイン、思想を持っており、それに基づき開発の方向を示唆していたのである。合理性を追求しながらも、過去の理論や体験にとらわれず、常に未来へ目を向け技術のあり方を考え、それを現場技術者に伝える能力があった。その当時の技術レベルでは、開発担当者にとっては無理難題と思われた課題であっても後になってから初めて本田の「先見の明」や構想の正しさを理解できたという。

課題を解決するための手法は「現場・現物・現実」のホンダ・ウエー（フィロソフィー）が徹底していた。小さな現象から根底に潜む「本質は何か」を把握する本田のイノベーションの鋭さは研ぎ澄まされていた。

十章　サントリーを生活文化企業にした佐治敬三

「やってみなはれ」の精神

サントリーの創業者・**鳥井信治郎**は二〇歳で独立してから、「赤玉ポートワイン」（現・赤玉スイートワイン）に続き日本初の本格ウイスキー製造に成功した稀にみる才覚のある事業家であった。佐治敬三（一九一九～一九九九）は創業者である父から後を継ぎ、昭和三六（一九六一）年五月、二代目社長に就任した。四カ月後、ビール事業への参入を発表した。そして、サントリービールが、この世にはじめて売り出されたのは、昭和三八（一九六三）年四月である。これは洋酒の寿屋から、佐治のサントリー時代への幕開けでもあった。佐治はこの時、四一歳、酒類業界のみならず関西財界を背負って立つ若手経営者として脚光を浴びていた。

父であり、創業者である鳥井信治郎は、自らが新事業にチャレンジしたように、二代目の佐治に「やってみなはれ」とビール事業への進出に許可を与えた。同時に「もし、うまくいかないようだったら、はよう手を引かせてやってください」と、鳥井は親しい人たちに言い残したという。

戦後の高度成長期、大衆消費時代を迎え、洋酒ブームに火がつき、戦前からの山崎工場（現・山崎蒸溜所）で取り組んだウイスキーづくりの品質向上への努力が一気に開花した。「トリス」が爆発的に売れ、続いて「角瓶」「オールド」も引っ張りだこになった。比例して業績も飛躍的に伸び、高収益会社の仲間入りをした。このような時期に、次の柱になる事業を育てようとした佐治敬三に、ビール事業進出を「やってみなはれ精神」で許したのであろう。

もともと鳥井信治郎は事業による利益の一部を社会に役立てる、利益三分主義という考えを持っていた。「商売の利益は人様のおかげだ。得た利益の一つを社会に還元し、もう一つはお客様や得意先にサービスとして返す。そして残りの一つを事業資金とする」。社会との共生をはかりながら、事業への開発投資や工場新設を行ったのである。

佐治は武蔵野工場（現・武蔵野ビール工場）（府中）の完成に続いて、桂工場（現・京都ビール工場）（京都）の建設に踏み切った。武蔵野工場のビールは、関東一円を販売地盤としたもので、関西市場は空白状態であった。そこで桂工場を建設、ビール三社の牙城に迫ることになった。桂工場の稼働は、サントリービールが、名実ともに、一本立ちしうるかどうかの重大な試練であった。同工場は昭和四四（一九六九）年春に動きだした。しかし、独走を続けるキリンの前に苦戦を強いられ、昭和四六（一九七一）年春で、まる八年が経過するが、おそらく累計赤字は膨大なものになっていたと推定される。

それでいてサントリーの経営は揺るがなかった。これはいうまでもなく、ウイスキー部門の好調な業績に支えられたからである。ウイスキーの売れ行きは、戦後、一変し、生活様式の西欧化につれて、洋酒の需要は急ピッチに高まり、予想以上の売上伸長である。ビール事業の赤字が予想外に大きく、しかも、長期に続いていることも誤算であるが、ウイスキーの好調も、うれしい誤算であった。何よりもビールの激しい商戦で、社内に緊張感が高まり、洋酒のビジネスにも好影響がでてきたのはプラスであった。組織力の強化につながったのである。

サントリーの強みは「やってみなはれ精神」に続いて、あらゆる困難に挑戦して、目標に向けて耐える力をもっていたことであろう。

鳥井信治郎（一八七九～一九六二）
大阪の両替商・鳥井忠兵衛の二男に生まれた。一三歳で大阪・道修町の薬種問屋・小西儀助商店に丁稚奉公に出た。明治時代の薬種問屋は、薬だけでなく、ブドウ酒やウイスキーも扱っていた。二〇歳で独立し、鳥井商店（後の寿屋）を起こし、ブドウ酒を売り出した。本場スペイン産のブドウ酒は売れなかったため、国産の「赤玉ポートワイン」（現・赤玉スイートワイン）を売出し、寿屋を一躍有名にした。大正一二（一九二三）年より京都郊外山崎の地に、ウイスキー蒸溜所を建設、翌大正一三（一九二四）年に原酒製造に着手した。昭和四（一九二九）年、国産ウイスキーを発売、サントリーのブランドを高めた。国産ウイスキーの父ともいわれる。

生活文化企業が原点

二代目・佐治敬三を理解するために、まず昭和四三（一九六八）年に寿屋として創業以来、七〇周年になるのを機に刊行されたサントリーの社史『サントリーの70年1・2』を観てみよう。読ませる部分にあた

佐治敬三
（サントリーホールディングス株式会社　提供）

る本史「やってみなはれ編」とビジュアルな資料編の「みとくんなはれ編」の二編で構成されている。社史の編纂は過ぎ去った七〇年にむかって記念碑をたて、次なる七〇年への発展の可能性と企業の存在理由を明らかにするものであった。佐治敬三第二代社長が編集委員長で翌昭和四四（一九六九）年に発刊した。

まず、冒頭にサントリーの社章と社是が載っている。

すぐれた商品を通じて
世界の人々に歓びと幸せをもたらそう
一、開拓者精神
二、品質本位
三、海外発展

この社是が策定されたのは昭和四三（一九六八）年の創業七〇周年の時である。

内容を大項目でみてみると、・意欲的な製品開発の歴史、・研究・生産設備、・サントリーの営業活動、・サントリーの宣伝活動、・国産洋酒の逆輸出、・活発なＰＲ活動、・よりよき明日へ、・資料及び年表である。

実父、鳥井信治郎が一八九九（明治三二）年に興した「寿屋」（創業当初は鳥井商店）を引き継ぎ、洋酒やビール、清涼飲料水などの総合飲料メーカーにまで育て上げた立役者が、二代目社長の佐治敬三である。ビールをはじめ社運を賭した新事業に踏み切ったため、第二創業者といわれる。佐治は、元来は理科系出身の理論派でありながら、経営に関しては「実践主義」を貫いた。机上論を繰り返しても物事は運ばない。先代に学んだ「理屈より行動」の精神。自らの「挑戦」と「文化創出」の思い。これらはどのように経営に生かされたのか。

佐治はサントリーの「開拓者精神」の先頭に立ち、実行をまず第一に考えて、その中でいろいろ学びながら、第二段階のアクションに移る手法をとった。つまり、「やってみなはれ」ということである。これは、父の代から脈々と続く、サントリーの企業文化そのものと言える。

さらに佐治は自伝でも書いているが、サントリーの「やってみなはれ」精神は、ただそれだけではなく、失敗してもいいじゃないか、やらせてみる勇気を持つことが大切、という考えを徹底するため、管理職に対して「やらしてみなはれ」を繰り返し指示した。

一九六三（昭和三八）年、社名をサントリーに変更。これを機にビールを発売し、佐治の挑戦は実を結んだ。さらにビールの成功で足掛かりをつかんだ佐治は、その後、清涼飲料や健康食品などの分野にも果敢に挑戦し、スケールアップへのリーダーシップを発揮した。一九九一（平成三）年にはグループ全体として、ついに一兆円企業となった。

佐治は量的拡大を図る一方で、一九七九（昭和五四）年、新たな進路として、「生活文化企業」を目指すことを決定した。佐治敬三は六一歳の時、これまでの酒類製造会社を脱皮し、見えない価値を製品に付加する。つまり国民の文化的ニーズに根差していなければ発展がないと考えたからである。

その理念は「企業の存立は、社会に提供する財が社会から尊重されることによって保証される。社会がその財を、生活をより豊かにすることができるとした時、その財を生活文化財、その財を、生産する企業を生活文化企業と私は呼びたいのである」にあった。

しかし、「生活文化企業」という言葉は、社内外で反響を呼んだが、その意図が十分理解されるまでには、時間がかかった。

佐治のその想いを具現化したのが、サントリー美術館とサントリーホールである。このホールは日本を代表する本格的コンサートホールとして、一九八六（昭和六一）年に開設された。「生活文化企業」の一翼を担う重要な役割を位置づけられたのである。

これを転機にして、サントリーはモノを売る企業からモノを通して文化を売る企業へと変質していったのである。

「へんこつ　なんこつ」私の履歴書

佐治敬三は一九九三（平成五）年四月に「私の履歴書」を日本経済新聞に連載され、翌平成六年二月に書籍『へんこつ　なんこつ』が刊行された。へんこつとは大阪弁でかたくなとか片意地の意味で、なんこつはやわらかいところがあることで、両者をカクテルにした洒落た題名である。その内容は次のような六章、四二項目である。

第一章　エトヴァス　ノイエス

ほくろ、母、祝い膳、佐谷先生、浪高高等科、阪大理学部、同級生、エトヴァス　ノイエス、良き友、学徒出陣

第二章　われら愛す

僥倖　山崎無傷、われら愛す、うまい安いトリス、洋酒天国、ローハイド、サンは太陽　トリーは鳥井、上方からお江戸へ、二本箸作戦、あわや分割

第三章　やってみなはれ

やってみなはれ、ビール元年、なま一筋、開高 健、赤葡萄三九八六号、吾はもはや貴腐菜を得たり、ボンタン騎士団、マドンナのミルク、ロマネコンティ、グラスは世界を巡る

第四章　百薬の長

百薬の長、コーリン、VIVA MEXICO、東の人西の人

第五章　惻隠の情

惻隠の情、国宝 浮線綾蒔絵の手箱、サントリーホール、音の宝石箱、文化財団、花と緑の博覧会、乾杯！　カンペイ！

第六章　神々の座

神々の座、忙中の閑

「エトヴァス　ノイエス」とは大阪大学時代の恩師・小竹無二雄教授がドイツ留学中に学んだウィーンラン

ド博士が、毎日毎日朝夕二度、一日も欠かさず「Eetwas Neues?」(何か新しいことはないか?)と尋ねかけた言葉である。

サントリーの企業理念と針路

前述したようにサントリーの躍進を支えた理念は、佐治敬三というリーダーのもとで、「やってみなはれ」というチャレンジ精神と「利益三分主義」という社会貢献の志を表裏一体として推進したことである。事業による利益は「顧客へのサービス」「事業の拡大」そして「社会への還元」の三分割であるという創業以来の精神である。佐治敬三もこれを継承し、サントリーは、顧客へのサービスでは、「人々の歓び」をテーマに豊かな生活文化をつくることを会社の針路として明確に示した。

今まで長年にわたり、社会・文化・スポーツなどの分野に活動領域を広げ、企業風土に磨きをかけ、知識資産を内部蓄積してきた。サントリーは、自らの位置付けを前項で述べたように「生活文化企業」と定め、豊かでゆとりのある生活を実現することが進むべき方向としたのである。

それには佐治敬三の個性と理念が背景にあったのは間違いない。佐治は一九六〇年代から一九七〇年代にかけて、ウイスキー事業を軌道に乗せるとともに、ビール事業にも参入し、サントリーを一流企業に育て上げた。さらに、一九七五(昭和五〇)年に、一転、「超酒類企業への脱皮」を図り、清涼飲料、医薬、花事業などに進出し、サントリーグループとしての成長を目指した。

この間、次々と文化事業を手がけていった。一九六一(昭和三六)年に創業六〇周年を記念して、サントリー美術館を開館したのを皮切りに、一九六九（昭和四四）年の創業七〇周年に鳥井音楽財団（現・サントリー芸術財団）、一九七九（昭和五四）年の創業八〇周年にサントリー文化財団を設立した。この時、佐治は地盤沈下する関西の巻き返しは文化復興であることを明言したのである。大阪の情報発信能力を高めなければいけないと考え、サントリー文化財団の設立が決まった。

また、一九八六（昭和六一）年にサントリーホール、一九九四（平成六）年に創業九〇周年記念事業としてサントリーミュージアム［天保山］を開館するなど、次々と文化活動を展開した。それは本業を核にしたCSRともやや異なる。

このように、サントリーが掲げる「生活文化企業」は「事業活動」「文化貢献活動」「企業内文化」の三面からの文化活動を展開することにあった。

知識社会の到来を先取りするがごとく、サントリーの社員は、文化活動を通して、自分たちの手で文化を創造するという価値観を共有するようになったのである。そして、自らの価値を磨くことの重要性を認識し、知識の増殖を意味する。いってみれば、サントリーは、企業の知識資産や社員の有する知識を、組織的かつ効率的に活用することによって、企業価値を創造してきたのである。

外柔内剛型のリーダー

すでに述べた「やってみなはれ」の商人魂の最大のものがビール事業への挑戦である。昭和三〇年代、ウイスキー事業は戦後復興期をへて、トリス・角瓶・オールドを中心に洋酒ブームを迎え、好調の波に乗っていた。

まさにその順風のまっただ中で、明日への飛躍をめざし、あえて困難な新分野に飛び込む冒険を試みたのである。戦前の、赤玉が好調なときに、荒唐無稽とも言われたウイスキーづくりにチャレンジした信治郎の「やってみなはれ」の遺伝子が、脈々と受け継がれるのである。それでは佐治敬三のこれまでの足跡を辿ってみよう。

佐治は経営者の中では数少ない文化人肌で、後に消費財メーカーの社長として初めて関西経済連合会副会長に就任、大阪商工会議所会頭も務めるなど、財界人からも一目置かれた存在であった。

しかし、佐治はそもそも寿屋（現サントリー）の後継者になるとは予想していなかった。

佐治敬三は、鳥井信治郎の二男である。長男の吉太郎は、神戸高商卒業後、寿屋にはいり、父の跡を継ぐべく、当時副社長の地位にあった。二男の敬三は、佐治家の養子となったが、兄の吉太郎が、昭和一五（一九四〇）年九月、三一歳で早死にした。そのため、二男の敬三が跡を継ぐこととなったわけであるが、佐治は当時、大阪大学理学部の学生であった。その後、太平洋戦争が激しくなった昭和一七（一九四二）年、大阪大学理学部を学業半ばでくりあげ卒業ということになり、海軍に奉職し、技術将校としてブタノールの研究に専念していた。昭和二〇（一九四五）年、終戦の日を大船の海軍第一燃料廠《しょう》で迎えた。当初、復員後は、恩師小竹教授（有機化学の大家）のもとで再びアミノ酸合成の研究をし、農業研究者として日本の農業近代化に生涯を捧げるつもりだったが、兄の急逝という突然の不幸に見舞われ、佐治が家業（当時の寿屋）を継ぐことに決まった。父の信治郎は、まだ六〇歳の働き盛りであったから、復員後、佐治は半年ほどブラブラしていた。しかし、父の信治郎は、跡目を継がせ、三男の道夫と力をあわせ、寿屋を守り、大きくすることを願っていた。心の葛藤はあったものの、佐治は、昭和二一（一九四六）年二月、正式に寿屋入りをした。以来、社歴と経験と実績を重ね、一五年後に父の跡を継いだわけである。佐治は一見、柔和の風貌、ソフトな肌ざわりから学者タイプである。学生時代を知る者の話によると、平素はもの静かであるが、いったん決心すると、トコトンまでやり抜く性質であったという。二代目は外柔内剛型リーダーであった。

父の信治郎は、日本のウイスキー王といわれた天才肌の人であったが、佐治は親まさりのハナとシタを持っていた。しかも、醸造学という、新しいブレンドを加えた、新しいウイスキーを、次々と世におくり出した。それが時流に乗って、サントリーウイスキーの第二の黄金期をつくりだしたのである。

サントリーの宣伝活動

サントリーの巧みな訴求力のある宣伝広告は有名である。『サントリーの70年』には特に「サントリーの宣伝活動」と大項目をつけて、次のような項目で個々に説明している。

・いつも話題になりました
・こんなものもありました
・戦後そして現在
・寿屋第一号広告、第二号広告
・戦前の四つの媒体（チラシ・ネオン・ポスター・ＰＯＰ）
・赤玉ポートワインでございます（新聞広告のいろいろ）

・国産ウイスキーの栄光
・ビールの緒戦（新カスケードとオラガの新聞広告）
・バラエティの楽しさ（各種製品の広告）
・伸びる伸びるサントリー
・奥さまにアカダマ、お嬢さまにハニー
・新聞広告にみるトリスの歩み
・純生大躍進！
・楽しい企画広告
・グラフィカルな雑誌広告
・夜空にあざやか〈ネオン看板〉
・ウエイトを増した電波媒体
・テレビＣＦダイジェスト
・楽しい洋酒のパイプレイヤー
・反響を呼んだ提供番組のかずかず
・サントリーをすすめるタレントたち
・総合電通賞を三年連続受賞

以上のように社史に宣伝活動の内容をこれほど詳細に表示している会社は少ない。サントリーとしていかに重視しているかが理解できる。そのルーツもまた、父親の時代の寿屋にたどり着く。例えば、一九二二（大正一一）年に一世を風靡した赤玉ポートワインのポスターが有名である。裸体とおぼしき美人女性がグラスを片手に微笑み、全体はセピア調でワインだけが赤刷りで、当時、酒屋などに張られたポスターは世間の話題をさらい、商品の売り上げも一気に伸びたという。このように大正時代からユニークな活動を繰り広げていたのが宣伝部だった。そして佐治社長の時代に再び復活した。亡兄の親友であり、三和銀行から来た洋画家の山崎隆夫を部長に迎えると共に、開高健（芥川賞作家）、山口瞳（直木賞作家）、柳原良平（イラストレーター）、坂根進といった、有能なスタッフが揃った。特に、佐治は開高とは社員ではなくなってからも生涯の友人だった。開高は妻の牧羊子が寿屋で働いていたことが縁で入社した。新聞や雑誌にハイセンスな広告を展開し、一大脚光を浴び、宣伝のサントリーが定着していった。昭和二五（一九五〇）年代には、生活の急速な洋風化による第一次洋酒ブームが到来し、力のこもった広告宣伝との相乗効果でサントリーは大きく躍進した。

サントリービールに社運をかける

一般に二世経営者は厳しさに欠けるといわれるが、佐治敬三は甘やかされた二世経営者ではない。ことにサントリービールに、社運を賭けて突進する姿は、まさに創業者、一世的タイプつまり、第二創業者といってよい。

若い時から、関西を代表する若手実業家として、期待されていたことも、事実である。サントリーは、昭和四四（一九六九）年度には一〇〇〇〇億円企業に仲間入りし、しかも、洋酒の世界での王座は揺がない。鳥井・佐治一族の資本で、上場せず一族経営であるが、だからといって、前時代的な資本家経営者でもない。父親譲りの反骨の気概の持ち主でもあった。そんな佐治が「行動の人」として起業家一世的経営者になるきっかけを掴んだのがビールだった。

それと佐治の強みは取り巻くブレーンや支持者が、きわめて多岐多彩であり、強力であることである。サントリーは宣伝上手といわれるが、サントリー宣伝部の黄金時代を担ったのが開高健である。とりわけ歴史に残る『洋酒天国』というＰＲ誌の貢献は大きい。その後サントリーを去って作家になった後も、佐治の良きブレーンであった。

もう一つ、サントリーの理念で忘れてはならないのは、前述した通り「利益三分主義」である。企業の利益はお客様のおかげである。一つを社会に還元し、一つはお客様や得意先にサービスとして返す。そして残りを事業資金とするという考えである。まさに、ステークホルダー（利害関係者）の満足度を高める経営の真髄ともいえる。

文化事業の実践

文化活動といっても、ヒト、モノ、カネと違って目に見えない価値であるから、文化を創造できる豊かな経営、余裕が必要である。つまり文化事業はサントリー成長の栄養剤であるといえよう。

昭和三四（一九五九）年、創業六〇周年を迎え、その記念事業として、科学技術の振興をはかるため、大阪大学へ酵素化学研究所を、日本化学会へ図書館を寄贈した。そして東京の皇居前のパレスホテルの別館にサントリー美術館を設立した。皇居前にパレスホテルが建設されようとしていた頃、発起人会の席で、「またとないこの場所にふさわしい文化的な施設を」と説かれたのは、当時の三和銀行頭取・上枝一雄であったが、その話に触発されて、昭和三六（一九六一）年にサントリー美術館を開設した。

「生活の中の美」というテーマを前面に打ち出して、特色ある収集・展示を行い、昭和五〇（一九七五）年に赤坂見附のサントリー東京支社ビル内に移転、さらに平成一九（二〇〇七）年には六本木のミッドタウンに新築・移転した。

創業七〇周年の昭和四四（一九六九）年には、鳥井音楽財団（現サントリー芸術財団）を設立し、日本における洋楽の振興に力を注ぎ、その活動の場として、昭和六一（一九八六）年、サントリーホールを東京赤坂見附に誕生させた。演奏者・聴衆・すべての利用者のための配慮が行き届き、従来日本にはなかった画期的なホールとして高く評価された。日本のクラシック音楽人口の幅をひろげるとともに、各地のホールや文化施設にも大きな影響を与えることになった。

大阪では、昭和五八（一九八三）年以来、毎日放送の企画に協賛して、大阪城ホールで「サントリー一万人の第九コンサート」を開催している。

創業八〇周年を迎えた昭和五四（一九七九）年には、人文・社会科学分野の学術振興と地域文化発展への寄与をめざしたサントリー文化財団を設立した。学芸賞・地域文化賞贈呈やさまざまな研究助成を通じて人文社会科学の発展に貢献している。

佐治敬三の社会貢献の特色

佐治敬三の生涯多岐にわたる文化・社会活動をみると、根底を貫いている理念と変わらぬ哲学というべきものが三つある。

第一に、「はじめに志ありき」ということである。これは、父鳥井信治郎の影響で、ビジネスにおける「やってみなはれ」のチャレンジ精神とともに、「利益三分主義」の精神をDNAとして受け継いだのである。社会・慈善事業にしても自分の意思で堂々と誇りをもっておこなうというのが佐治流フィランソロピーである。

第二に、「フィランソロピーは継続なり」ということである。佐治は、自ら関わった多くの文化活動・社会活動のほとんどすべてを、例外なく継続し、少なくとも一〇年以上根気よく支え続け、成功に導いている。その点もビジネスに相通じるものがある。サントリー・佐治敬三が行う文化・社会活動には社会からの期待も大きく、一般から注目されていることも継続している背景にある。

第三に、「企業文化として育成」ということである。佐治は、社内組織も決して無縁ではなく、社員一人ひとりが生きた人間の集まりであり、共通の意識を持った「生活文化企業」としての企業文化を念頭においていた。

サントリーのようなオーナー型企業では、経営トップの考え方・価値観が鮮明に出やすいという面があるが、サントリーホール、サントリー美術館にしても、組織DNAが浸透し、サントリーらしさ、個性が滲み出ている。人間の顔・人間の心をもった企業の自覚が社風となり、サントリーのビジネス活動にも好影響をもたらしている。

生活の中の美を集めた美術館

サントリー美術館も「生活文化企業」の企業文化の延長線に入ることは明らかである。一般に、事業家が造った美術館はほとんど美術品コレクションが先行し、それを公開するために美術館を開設するのがほとんどであったが、サントリー美術館は逆であった。父・鳥井信治郎の遺産の中には、値うちのある美術品は皆無であった。当初の企画では、テーマを定めて収蔵家から美術品を拝借して展示する、いわば展示の場としての美術館であった。「美術品を持たない美術館」では運営が難しいことがわかってきた。それから「美術品ただ今ゼロ」から集め始めたわけである。そこでいわば窮余の一策として、「生活の中の美」をコンセプトに展示も収集も一貫して行うことにした。このことが後発の美術館がアイデンティティをいちはやく確立することにつながる。

美術品とのめぐり合いは、それぞれにドラマを秘めている。所蔵品の中で、最初に購入した美術品は豊臣秀次所用と伝える「朱漆矢筈札紺糸素懸威具足」一領であった。次にひときわめだつ存在になった国宝の浮線綾螺鈿蒔絵手箱（源頼朝の北の方政子愛蔵の品と伝えられる）は、大阪の某有力会社に担保として入っていたものが持ち込まれてきたのである。発足後間もない美術館にとって「国宝」のもつ重みは、はかり知れない。佐治敬三自身が当時の価格、三〇〇〇万円で購入を決断した（自伝『へんこつなんこつ』）。

その思い切りの良さと美術館にかけるサントリーの意地みたいなものを感ずる。その後この国宝にすいよせられるように漆器の名品が集まってくる。不思議な引力といえそうだ。

コラム⑩ サントリー美術館の魅力

サントリー美術館は、東京都港区赤坂九丁目にあり、日本の古美術が中心の私立美術館である。佐治敬三が昭和三六（一九六一）年、「生活の中の美」を基本理念として、千代田区丸の内のパレスビル内にサントリー美術館を開館したのが始まりである。昭和五〇（一九七五）年に赤坂見附のサントリービルに移転し、そして、平成一九（二〇〇七）年に現在の東京ミッドタウン内に移転した。

古美術を中心とした美術館には、戦前の実業家のコレクションを母体としたものが多いが、サントリー美術館のコレクションは、戦後に、「生活の中の美」を理念に集められたものである点がユニークである。江戸切子・薩摩切子・エミール・ガレ等の硝子工芸品も代表的なコレクションのひとつである。

現在の新しい美術館は「伝統と現代の融合」をテーマに設計され、美術館としての機能はもとより、都市の居間としての快適性を備えた居心地の良い空間がねらいである。「生活の中の美」は、開館以来五〇余年、常に変わることなく一貫して追求してきた基本理念であり、日本古来の美術・工芸品の蒐集に力を注いできた。コレクションは、設立のための組織が作られてから蒐集されたものである。他の伝統ある私立美術館は、創設者のコレクションとその個人の見識と美意識によって裏付けられているが、サントリーの場合はコンセプトが先にあったので他の美術館と異なるスタートを切った。現在、館蔵品は絵画、陶磁、漆工、ガラス、染織など、日本人の生活に密着した作品を主体として総数三〇〇〇件を数え、内容的にも幅広く層の厚い美術コレクションとして、充実したものとなっている。

建築家・隈研吾がめざしたのは「都市の居間」としての居心地の良さを追求した美術館である。日本の伝統と現代を融合させた「和のモダン」を基調に、安らぎと優しさに溢れた空間が実現した。外観は白磁のルーバー(縦格子)に覆われ、透明感すら感じさせる。旧美術館から移築した茶室「玄鳥庵」も八畳席と屋外テラスを増築し、モダンな装いとなっている。この茶室の庵号は、鳥井道夫(佐治敬三の実弟)が海軍で同期であった一五代・千宗室が命名した。館内には、木と和紙を意匠に用い、和の素材ならではの自然のぬくもりと、柔らかい光を表現している。また、館内の随所で床材にウイスキーの樽材を再生利用しているのもサントリーならではの特徴がある。

あとがき

「人生の転機」は人間が進化するプロセスであり、うまく変化に対処することで、運も味方し、人生の達人に導く。人間同士の出会いと信頼、援助から、苦境を脱する事例もあれば、時代の変化を読み切れず挫折する場合もある。このように先駆者の光と影は日本の近代資本主義発達の上で貴重な糧となった。

そして産業振興のため、明治政府により基盤となる産業への直接投資が行われ、富岡製糸場などの官営事業が誕生した。生糸でアメリカ市場を開拓した新井領一郎は、明治期、日本人に自信を与えた功労者である。

やがて官営事業は民間に払下げられた。その官営企業の払下げが引き金になって、三井・三菱などの政商は、財閥に成長していったのも見逃せない。国が財閥を育てたといえそうだ。

これに対し、鈴木商店の金子直吉は自力で、日本資本主義経済の揺籃期、海外に目を向け、総合商社化して、官に頼らず基幹産業の礎を創った。船鉄交換条約の締結に導いた手腕は忘れがたい。しかし、第一次世界大戦後の変化を読み切れず挫折、没落を味わうが、功績は高く評価されるべきだろう。

鮎川義介もグローバル思考で、日本の機械工業の祖、戸畑鋳物を創った。そして事業再生モデルを作り上げ、日産コンツェルンを形成したが、満州進出で失敗した。また「三方良し」の近江商人・藤井善助は地元滋賀、京都を中心に鉄道、土地、繊維、保険、商社などインフラの整備と社会投資を行った。国内外に向け、商圏を広げて成功した伊藤忠兵衛には及ばなかったが、近江商人の真髄を示した。一方、資源の乏しい日本で、独特の技術力で世界に雄飛したのが、本田宗一郎である。まさに「得手に帆上げて」で難局を打破し、遂に、二輪車に加え、四輪車市場でも世界の強豪に戦いを挑んだ。

本書に登場した事業家たちは、時代の革新者としての業績は甲乙つけがたく、その時代を見事に変えた活力とあふれる叡智を発揮した。いずれも持てる技術や技能をコアコンピタンスとして、変化に上手く対処し、自前のビジネスモデルを構築したことが特筆できる。

そして事業家たちに共通していたのは、自伝で明確になった事業成功と道筋と共に、社会貢献の意識を強く持っていたことである。アメリカン・ドリームを実現したフランクリン、カーネギー、ロックフェラーなどアメリカの富豪たちのフィランソロピー（社会貢献）と比較すると、日本の事業家の規模ははるかに劣るが、利益の社会還元や文化面での貢献は同じ理念に基づくものであった。

また、企業風土・社風は、社員の暗黙知の共有・継承が条件なので、公益性の重視は健全な発展に欠かせない。サントリーの佐治敬三が「生活文化事業」の一環で、サントリー美術館とサントリーホールを創設したが、このような権限と資金を持ったオーナー事業家は今日ではごくまれである。おそらく、佐治の転機は、会社の理念に「生活文化企業」を掲げたことである。サントリーが、単なる酒造メーカーから脱皮するという決断である。サントリー美術館やサントリーホールもその一環であった。美術館はフィランソロピー（社会貢献）が先行して開設された例である。

このように、自伝を通して先達の軌跡から学ぶことは多いが、才腕のある事業家ほど、変化、革新を興すべき時に行動を起こしていることがわかる。それが企業内組織に危機感を与え、良性の組織ＤＮＡとなって、企業のイノベーションに連動していた。

生きた経営学には、表面的に現れた経営実績だけを評価しても学ぶことは少ない。なぜ、この会社は成長できたか、何が明暗を分けたか、その答えは、先達たちの人生の転機となった「変化への対処」がキーワードである。

発刊にあたっては、大学教育出版の佐藤守社長、編集部の安田愛さんには適切な助言とお骨折りをいただいた。心から感謝の意を表したい。

参考図書・文献

勝小吉『夢酔独言』平凡社（一九六九）
福澤諭吉『福翁自伝』慶應通信（一九八八）
フランクリン『フランクリン自伝』中央公論新社（二〇〇四）
小林一三『小林一三日記全三巻』阪急電鉄株式会社（一九九一）
徳富健次郎『みみずのたわごと』岩波書店（一九五〇）
岩崎弥太郎『岩崎弥太郎日記』伝記編纂会（一九七五）
アンドリュー・カーネギー『鉄鋼王カーネギー自伝』角川文庫（一九六七）
新島襄『日本人の自伝三「私の若き日々」』平凡社（一九八一）
徳富猪一郎『蘇峰自伝』中央公論社（一九三五）
松下幸之助『松下幸之助夢を育てる』日本経済新聞社（二〇〇一）
加藤・坂田・秋谷『日米生糸貿易史料第一巻』近藤出版社（一九八七）
高崎経済大学産業研究所『近代群馬の民衆思想』日本経済評論社（二〇〇四）
ハル・松方・ライシャワー『絹と武士』文芸春秋（一九八七）
荒井悦郎『同伸会社と初期直輸出』群馬県立図書館（一九八八）
志村和次郎『絹の国を創った人々』上毛新聞社（二〇一四）
白石友治『金子直吉伝』金子柳田両翁頌徳会（一九五〇）
金子直吉『金子直吉遺芳集』辰巳会本部（一九七二）
辻本嘉明『評伝・金子直吉』郁朋社（一九九九）
桂芳男『幻の総合商社　鈴木商店』社会思想社（一九八九）

日本経済新聞社『私の履歴書　経済人9』日本経済新聞社（一九八〇）
日本経済新聞社『私の履歴書　経済人3』日本経済新聞社（一九八〇）
日本経済新聞社『経営に大義あり』日本経済新聞社（二〇〇六）
藤井善助『藤井善助伝』熊川千代喜（一九三二）
近江商人博物館『藤井善助と有鄰館』近江商人博物館（一九九九）
江商『江商六十年史』江商（一九六七）
藤井善三郎『祖先文化のまなざし』藤井斉成会有鄰館（二〇一四）
朝日生命保険相互『朝日生命百年史』朝日生命保険相互会社（一九九〇）
鮎川義介『物の見方考え方』実業の日本社（一九三七）
鮎川義介『私の人生設計』大蔵出版（一九五五）
鮎川義介『五もくめし』ダイヤモンド社（一九六二）
井口治夫『鮎川義介と経済的国際主義』名古屋大学出版会（二〇一二）
本田技研『ホンダ50年史』八重洲出版（一九九八）
本田宗一郎『私の履歴書・夢を力に』日本経済新聞社（二〇〇一）
本田宗一郎『スピードに生きる』実業の日本社（二〇〇六）
佐治敬三『へんこつなんこつ：私の履歴書』日本経済新聞社（一九九四）
サントリー⑭『サントリー百年史』サントリー⑭（一九九九）
サントリー⑭『サントリーの70年1・2』サントリー⑭（一九六九）
サントリー⑭『佐治敬三追想録』サントリー⑭（二〇〇〇）
片山修『おもろいやないか』東京ホーム社（二〇〇〇）

年表

■B・フランクリン

年	事項
一七〇六	ボストンのミルク・ストリートで生まれる。父親のジョサイア・フランクリンは獣脂ろうそく製造を行っていた。ジョサイアは二度の結婚で一七人の子供をもうけた。ベンジャミンはその一五番目であった。
一七一六	一〇歳で学校教育を終える。
一七一八	『ニュー・イングランド・クーラント』紙を印刷出版していた兄のジェームズの徒弟となった。その後、次第に記者や編集者として頭角を現した。同紙の自由主義的論調により兄が投獄されたときは、代わりに発行人となったこともある。
一七二三	兄と縁を切り、フィラデルフィアにて印刷業に勤めた。
一七二四	総督（知事）の勧めによりロンドンに行き、植字工として働く。
一七二八	メレディスを相棒にして、印刷所を開業する。
一七二九	『ペンシルヴェニア・ガゼット』紙を買収。
一七三〇	印刷所は独立事業となり、デボラ・リードと結婚する。
一七三一	フィラデルフィアにアメリカ初の公共図書館を設立する。この図書館は成功を収め、これを規範にアメリカの他の都市にも図書館が開設されるようになった。
一七三四	ウォーター・ストリートのタン・タヴァンのフリーメイソンのロッジで、グランド・マスターに選ばれた。
一七四八	印刷業をたたみ、公職に専念するようになる。ペンシルヴェニア植民地議員や郵便総局長をつとめた。
一七五一	フィラデルフィア・アカデミー（後のペンシルヴェニア大学）を創設。
一七五二	稲妻と電気の同一性を証明した。

一七五四	勃発したフレンチ・インディアン戦争ではイギリス軍のための軍需品調達に奔走した。
一七五七	植民地の待遇改善を要求するためにイギリスに派遣された。このとき、彼の科学的な業績を称えオックスフォード大学にて名誉学位を授与されている。
一七七七	アメリカ独立宣言の起草委員となり、トーマス・ジェファーソンらと共に最初に署名した五人の政治家のうちの一人となった。独立戦争中はパリの社交界を中心に活動し、欧州諸国との外交交渉に奔走。独立戦争へのフランスの協力・参戦と、他の諸国の中立を成功させる。
一七七八	パリでヴォルテールをフリーメイソンリーに入会させる。
一七八三	パリで中立国のスウェーデンとアメリカ・スウェーデン友好通商条約を締結する。
一七八五	ペンシルヴェニア州知事となる。
一七九〇	四月一七日 死去。享年八四歳。葬儀は国葬であった。

■その他の登場人物

年（年号）	事項	主な出来事
一八六八（明治一）	岩崎彌太郎『岩崎彌太郎日記』を残す	9月、明治と改元し、一世一元の制を定める
一八七〇（明治三）	木戸孝允参議、『木戸孝允日記』を残す	12月、廃刀令
一八七五（明治八）	商法講習所創立され、新井領一郎、簿記、商学を学ぶ	11月、新島襄、京都に同志社開校
一八七六（明治九）	新井領一郎渡米	3月、日曜日を休日とする太政官通達
一八八一（明治一四）	カーネギー、アメリカ最大の鉄鋼企業となる 新井、横浜同伸会社のニューヨーク支社長になる	3月、第二回内国勧業博覧会 10月、明治一四年の政変（参議・大隈重信失脚）

一八八二（明治一五）	ロックフェラー、スタンダード石油創立	3月、立憲改進党結成 6月、日本銀行条例
一八八五（明治一八）	新島襄『私の若き日々』をハーディー夫妻に贈る	12月、第一次伊藤博文内閣
一八八六（明治一九）	金子直吉、神戸の鈴木商店に入社	1月、北海道庁開設 10月、ノルマン号事件
一八八九（明治二二）	藤井善助、京都市立第一商業学校卒業 カーネギー、『富の福音』発刊	2月、大日本帝国憲法発布
一八九〇（明治二三）	藤井、上海の日清貿易研究所（後の東亜同文書院）に留学	11月、第一回帝国議会が開会
一八九二（明治二五）	藤井、日清戦争前に帰国する 父、創立の綿糸織物会社に勤務	11月、千島艦事件（千島がイギリス商船と衝突し沈没）
一八九三（明治二六）	新井、同伸会社を辞め、横浜生糸合名会社の筆頭株主になり、専務になる ニューヨークに「モリムラ・アライ・カンパニー」設立	2月、アメリカ、ハワイ併合
一八九四（明治二七）	金子、鈴木商店の経営をまかされる	8月、清国に宣戦布告 11月、日米通商航海条約
一八九五（明治二八）	小林一三『逸翁自叙伝』を書く	4月、日清講和条約
一八九九（明治三二）	金子、台湾の樟脳油の販売権を取得 福澤諭吉『福翁自伝』を時事新報に掲載開始	3月、中国で義和団蜂起
一九〇一（明治三四）	藤井、京津土地、近江倉庫土地ら不動産会社に役員で関与	6月、第一次桂内閣

一九〇三（明治三六）	鮎川義介、東京帝国大学機械科を卒業し、芝浦製作所へ職工として入社 金子、大里製糖所設立	6月、ヘンリー・フォード自動車会社設立
一九〇四（明治三七）	藤井、家督を相続	2月、日露戦争勃発
一九〇六（明治三九）	新井、日本からアメリカへ輸出の生糸総量、約40％を扱う	6月、ロシアより北緯50度以南の樺太受領
一九〇七（明治四〇）	新井・高峰らニューヨークに日本協会設立	
一九〇八（明治四一）	藤井、衆議院議員になる	移民問題で日米紳士協定
一九一〇（明治四三）		8月、韓国併合の日韓条約調印
一九一一（明治四四）	鮎川、戸畑鋳物株式会社を創業する	2月、日米新通商条約調印 7月、日英同盟改訂 10月、辛亥革命始まる
一九一二（大正一）	金子、帝国麦酒発足 藤井、日本共立生命保険合資会社（後の朝日生命）社長に就任	7月、明治天皇崩御、大正と改元
一九一三（大正二）	藤井、湖南鉄道社長、天満織物社長に就任	5月、第一次排日土地法
一九一四（大正三）	金子、貿易活動強化し、商品大量買いへ 藤井、大津電車軌道社長、近江倉庫社長に就任	7月、第一次世界大戦が勃発 8月、日本、ドイツに宣戦布告
一九一六（大正五）	金子、播磨造船を買収	10月、加藤高明が憲政会を結成
一九一八（大正七）	金子、帝国人造絹糸を設立米騒動で本店焼き打ち 松下幸之助、松下電気器具製作所開業	11月、第一次世界大戦の休戦協定

一九二〇（大正九）	鈴木商店の資本金が一挙に五千万円になる	2月、日本政府、アメリカでの写真結婚を廃止　カリフォルニア州で排日土地法が成立
一九二一（大正一〇）	藤井、日本絹織株式会社社長に就任	12月、ワシントン海軍軍縮会議
一九二二（大正一一）	藤井、日本メリヤス社長に就任　本田宗一郎、高等小学校を卒業後、東京都内のアート商会に就職	12月、ソビエト社会主義共和国連邦成立
一九二三（大正一二）		9月、関東大震災
一九二六（昭和一）	藤井、藤井斉成会有鄰館（略称・藤井有鄰館）設立	1月、ダイヤル式自動電話開通
一九二七（昭和二）	台湾銀行が融資打ち切り通告、鈴木商店破綻する　藤井、大津電車軌道、湖南鉄道を合併し、琵琶湖鉄道汽船となり社長就任　鮎川、久原鉱業の再建に着手　日立製作所取締役に就任	3月、南京事件　5月、第一次山東出兵　金融恐慌勃発
一九二八（昭和三）	鈴木商会の後継会社として高畑誠一らが日商（現双日）設立　鮎川、日産コンツェルンを形成　本田、アート商会浜松支店開業、独立する	2月、衆議院普通選挙　6月、張作霖事件
一九三一（昭和六）	鮎川、ダット自動車製造の経営権を取得	9月、満州事変勃発
一九三四（昭和九）	藤井、琵琶湖ホテル会長、日本共立生命保険社長辞任	3月、満州国帝政となる　12月、ワシントン条約の破棄通告
一九三五（昭和一〇）	松下電器産業株式会社発足	2月、美濃部達吉博士の「天皇機関説」発禁となる

一九三七（昭和一二）	藤井、江商株式会社取締役退任（在職三三年） 鮎川、日本産業を満州国へ移し、満州重工業開発を設立し、総裁となる 本田、浜松高等工業機械科（現静岡大学工学科）の聴講生となる	7月、盧溝橋事件、支那事変始まる 12月、南京占領「パネー号」事件
一九三九（昭和一四）	本田、ピストンリング製造の東海精機重工業社長に就任	9月、第二次世界大戦
一九四二（昭和一七）	鮎川、日産グループ満州から撤退、鮎川総裁辞任	6月、ミッドウェー海戦
一九四五（昭和二〇）	鮎川、戦犯として逮捕され、二年間服役 本田、東海精機重工業の持株をトヨタに売却 佐治敬三、サントリーの前身、寿屋に入社	7月、ポツダム宣言 8月、ソ連、日本に宣戦布告 8月、ポツダム宣言受諾
一九四六（昭和二一）	本田、本田技術研究所を浜松市に開設、自転車用補助エンジン生産	1月、天皇人間宣言 5月、極東軍事裁判開廷
一九四八（昭和二三）	本田、本田技研工業株式会社を設立し、取締役社長に就任	5月、日本国憲法施行
一九四九（昭和二四）	本田技研に藤沢武夫入社	4月、ドッジライン 8月、シャウプ勧告 11月、湯川秀樹にノーベル賞
一九五〇（昭和二五）	本田、東京進出。東京京橋に営業所開設 同時に北区上十条の東京工場が稼働開始	4月、ダレス対日講和担当公使となる 6月、朝鮮戦争が勃発 朝鮮動乱特需発生
一九五一（昭和二六）	本田、本社を浜松から東京に移転	9月、サンフランシスコ講和会議

一九五二（昭和二七）	徳富蘇峰『近世日本国民史』全一〇〇巻完成	2月、日米行政協定 10月、警察予備隊、保安隊に改称
一九五三（昭和二八）	鮎川、帝国石油、石油資源開発社長に就任。参議院議員当選	7月、朝鮮休戦協定調印
一九五六（昭和三一）	鮎川、中小企業政治連盟総裁	12月、日ソ国交回復
一九五八（昭和三三）	本田、スーパーカブ発売 世界的ロングセラーとなる	10月、警職法をめぐって混乱
一九五九（昭和三四）	本田、イギリス・マン島TTレースで上位独占	11月、安保阻止のデモ隊が国会に乱入
一九六一（昭和三六）	佐治敬三、サントリー第二代社長に就任 サントリー美術館開設	8月、ベルリンの壁
一九六二（昭和三七）	本田、四輪車S三六〇、T三六〇発表	10月、キューバ危機（米ソ間で緊張）
一九六三（昭和三八）	佐治、サントリーに社名変更、ビール事業に本格参入	11月、ケネディアメリカ大統領暗殺
一九六九（昭和四四）	サントリー音楽財団発足	1月、東大紛争 11月、沖縄返還決定
一九七三（昭和四八）	本田、社長退任、藤沢と最高顧問になる	8月、金大中事件 10月、オイルショック

■著者略歴

志村　和次郎（しむら　かずじろう）

ノンフィクション作家・歴史研究家

群馬県に生まれる。1961年、同志社大学法学部卒業。経営コンサルタント（中小企業診断士）。起業支援団体・ニュービジネス機構の代表理事。1997年「明治史の研究」で文筆活動に入る。日本ベンチャー学会正会員。

主著

『シニア起業の成功術』（中央経済社）、『ヤマハの企業文化とＣＳＲ』（産経新聞出版）、『創造と変化に挑んだ６人の創業者』（日刊工業新聞社）、『新島襄とその高弟たち』『新島襄とかかあ天下』『絹の国を創った人々』（上毛新聞社）、『新島襄と下村孝太郎』『徳富蘇峰が観た三人の校祖』『西洋文化の鼓動と近代京都』『誇り高き賢人たち』（大学教育出版）、『富豪への道と美術コレクション』（ゆまに書房）など。

先駆者の光と影　**人生の転機**

——変化にどう対処したか——

2015年３月10日　初版第１刷発行

■著　　者——志村和次郎
■発 行 者——佐藤　　守
■発 行 所——株式会社 大学教育出版
　　〒700-0953　岡山市南区西市855-4
　　電話(086)244-1268(代)　FAX(086)246-0294
■印刷製本——モリモト印刷(株)
■Ｄ　Ｔ　Ｐ——難波田見子

ISBN978-4-86429-298-6